인생의 진정한 리더가 되시기를 소망하며
이 책을 드립니다.

_____ 님께

_____ 드림

휴먼리더
우리시대 리더들의 터닝포인트 5

초판 1쇄 발행	2014년 2월 28일
지은이	김영식 외 CEO 8명 공저
엮은이	박경민
펴낸이	정진이
펴낸곳	한국리더스포럼
책임편집	박경민
표지일러스트	박기열 http://www.nanora.com/kiyull
편집디자인	이주희 http://blog.naver.com/rydia20
주소	(134-865) 서울시 강동구 구천면로 262-6(천호동 275-8)
전화번호	02-486-0031
팩스	02-486-0038
출판등록	2009년 8월 12일 제 25100-2009-24호
홈페이지	www.kleaders.com
인쇄·제본	영창인쇄(주)
ISBN	978-89-967942-7-1

이 책의 저작권은 한국리더스포럼에 있으며 저작권법에 따라 보호를 받는 저작물이므로 무단전재와 복제를 금지합니다. 또한 이 책 내용의 전부 또는 일부를 사용하려면 반드시 한국리더스포럼에 동의를 받아야 합니다.

> 독자의 의견을 기다립니다.
> 보내실 곳 kleaders@kleaders.com

값 20,000원

※ 한국리더스포럼은 독자 여러분의 의견을 환영합니다. 좋은 의견 이메일로 많이 보내주세요.

우리시대 리더들의 터닝포인트 5

휴먼리더

김영식 외 8명 공저

머리말

'사람' 만이 '희망' 입니다

우리 사회의 크고 작은 성공을 거둔 리더들을 만나는 일은 항상 보람차고, 가슴 뜨거운 일입니다. 취업난이 갈수록 심각해지고, 중·고등학생들의 진로교육이 강화되면서 우리 사회의 성공 멘토들을 찾아나서는 일이 더욱 의미 있고, 가치로운 일이 되어가고 있습니다. 우리가 만나는 사람들과의 시간이 갈수록 행복해지는 이유이기도 합니다.

'우리시대 리더들의 터닝포인트' 다섯 번째 시리즈를 발간하면서 우리는 리더들의 인간적인 면에 천착해 그들을 오늘의 성공으로 이끈 진정한 비결이 무엇인지에 더욱 집중하였으며, 그 모든 시간이 가슴 따뜻한 만남이었고, 나 자신을 반성하게 되는 보석 같은 경험이었습니다.

우리시대 리더들과 함께 그들의 진솔한 내면 이야기를 들으면서, 그들의 확고한 소신과 가슴 아픈 회한, 겸손한 반성과 희망 찬 다짐의 시간을 통해, 우리는 억만금을 주고도 얻지 못할 '사람' 이라는 공통된 키워드를 그들에게서 읽어낼 수 있었습니다.

리더들마다 분야도 다르고, 살아온 시간도 달랐지만, 그들 모두가 한결같이 가장 소중하게 생각하는 것은 '사람', '인간' 에 대한 경외감과 오직 '사람' 을 소중하게 생각하고, '인간' 에게서 희망을 보는 진정한 '휴머니티' 였습니다.

젊은이들은 묻곤 합니다. 성공을 위해서 어떤 전공을 선택해야 하고, 무슨 기술을 배워야 하는지, 어떤 능력이 성공을 위한 가장 중요한 요소인지 그들은 간절히 알고 싶어 합니다. 하지만, 우리가 만난 리더들은 자신들의 지난 세월을 더하고 뺌 없이 솔직히 이야기해주면서 우리의 인생과 성공에는 그런 것들보다 더 소중한 것이 있다고 모두 힘주어 이야기하였습니다. 바로 '인간' 적인 마음입니다. 돈이나 명예가 아닌, 오직 '사람'에게서만 희망을 볼 줄 아는 인간적인 마음, 올바른 성품이 없이 얻는 성공은 모래알 위의 성전과도 같습니다.

우리가 만난 리더들의 자기고백과도 같은 깊은 성찰의 이야기들은 이 시대 청소년, 젊은이들에게 어쩌면 가장 필요하고, 가장 절실한 이야기가 아닐까 생각해 봅니다. 성공은 멀리 있지 않습니다. 진정한 성공은 어렵지도 않습니다. 이야기를 듣는 내내 저절로 눈물 흘리게 만든 우리시대 휴먼리더들의 휴먼스토리가 동시대를 사는 우리 모두의 고되고 메마른 가슴을 촉촉이 적셔 주리라 믿습니다. 그리고 그러한 감동을 바탕으로, 우리 모두 진정한 인생의 성공을 이룰 수 있는 자기 생의 주인, 멋진 승자가 되기를 열렬히 응원합니다.

2014년 2월
한국리더스포럼 대표 정진이

차례

Part 1 사람과 더불어 희망찬 사람들

희망을 이야기하려면 사람들을 자세히 보라.
주위의 사람들과 함께, 더불어 하는 일은 언제 어디서나 희망차고, 아름답다.

대한민국 과학기술인의 행복을 책임지는 남자　　　　　　10
과학기술인공제회 김영식 이사장

고물에서 보석을 캐는 히든 챔피언　　　　　　　　　　　42
(주)에스틸 김용석 회장

하나의 '표준'이 세계를 지배한다　　　　　　　　　　　　72
한국기계전기전자시험연구원 최갑홍 원장

Part 2　사람 안에서 행복한 사람들

사람이 아니라면 우리가 어떻게 행복할 수 있겠는가.
우리를 진정 행복하게 해주는 것은
돈이나 명예가 아니라 나와 같은 사람들이다.

창조경제 책임지는 과학기술 정책의 수장　　　　　　　100
경기과학기술진흥원 박정택 원장

성공벤처의 모험신화 찾아 떠나는 낭만 리더　　　　　　126
(주)피엠그로우 박재홍 대표

시를 사랑하는 마음으로 문화와 예술을 품다　　　　　　154
한국문화예술회관연합회 김승국 상임부회장

Part 3　사람과 나누며 즐거운 사람들

나눔의 기쁨만큼 고귀하고, 소중한 일은 없다.
사람들과 함께 고통도 행복도
함께 나누며 우리는 진정한 삶의 즐거움을 얻을 수 있다.

구도자의 마음을 가진 진정한 지도자　　　　　　　　　184
화성상공회의소·(주)케이티롤 민종기 회장

경제독립운동가를 꿈꾸는 大韓民國보험인　　　　　　　216
대한민국보험학교 김송기 대표

건강한 쌀로 지키는 대한민국 식량주권　　　　　　　　240
(주)미실란 이동현 대표

희망을 이야기하려면
사람들을 자세히 보라. 주위의 사람들과 함께,
더불어 하는 일은 언제 어디서나 희망차고, 아름답다.

Part 1 사람과 더불어 희망찬 사람들

대한민국 과학기술인의 행복을 책임지는 남자
과학기술인공제회 김영식 이사장

고물에서 보석을 캐는 히든 챔피언
(주)에스틸 김용석 회장

하나의 '표준'이 세계를 지배한다
한국기계전기전자시험연구원 최갑홍 원장

01

대한민국 과학기술인의
과학기술인공제회 김영식 이사장
행복을 이어주는 남자

좁은 땅덩어리를 가진 우리나라를 오늘날 세계 속에 자리 잡게 한 일등공신은 누가 뭐래도 우리나라의 과학기술인들이었다. 지난 반세기 역사에서 한강의 기적을 이끈 것도 과학기술이었고, 오늘날 세계 10위 안에 드는 수출 강국으로, 반도체 생산량, 인터넷 사용률, IT 산업, 핸드폰 보급률 세계 1위를 자랑하게 된 것도 모두 과학기술의 발전, 그것을 주도한 과학기술인들 덕분이다. 전쟁으로 폐허가 된 조국을 살리기 위해서는 과학기술만이 살 길이라는 일념으로 우리나라 산업기술을 이끌어 국민소득 2만 달러 시대를 견인한 기적의 주인공들은 과학기술인들이었다. 그리고 이제 세계는 과학기술을 주도하는 자가 세계를 주도한다는 절대명제 아래 과학기술 발전에 국가의 모든 역량을 집중하고 있다. 그러나 우리나라 과학기술인들은 지금 어디쯤 있을까. 나라의 부와 국력을 주도해온 그들은 과연 잘 살고 있는가. 대한

과학기술인공제회 / 김영식 이사장

민국 과학기술인들은 지금 행복한가.

어릴 때 과학자를 꿈꾸던 아이들이 중학교를 가고, 고등학교를 가서, 대학을 갈 때쯤엔 대부분 의대 진학을 희망하는 것이 지금 우리의 현실이다. 이과에서 공부 잘한다는 아이들이 순서대로 의대로 진학한다. 의료기술의 중요성을 모르는 것은 아니지만, 대한민국 과학기술의 현주소를 보는 듯한 가슴 아픈 현실이다.

과학기술인공제회 김영식 이사장의 눈길이 머무는 곳도 이 지점이다. 과학꿈나무들이 어릴 때 가졌던 세계적인 과학자가 되고 싶다는 원대한 꿈을 저버리게 되는 이유는 과연 무엇일까. 스스로 과학기술행정가로, 오랜 기간 대한민국 공직자로 살아온 그가 이제 과학기술인들의 안정적인 삶, 행복한 삶을 위해 발 벗고 나섰다. 창조경제를 주도하고, 대한민국을 국민소득 3만 달러 시대로 견인할 분들도 역시 과학기술인들이며, 범정부적 차원에서 과학기술 인재들을 키우고 보호하지 않으면 안 된다는 사명감으로 오로지 과학기술인들의 행복한 삶에 자신의 모든 역량을 집중하고 사회적·국민적 공감을 이끌어내기 위해 동분서주하고 있는 그의 모습은 늘 고뇌하며 우주의 법칙을 찾아내려는 과학자의 모습인 동시에 적장을 향해 진격의 나팔을 부는 결사항전의 장수를 닮아 있다.

올해 선풍적인 인기를 끌었던 베르나르 베르베르의 소설 「제3인류」에는 인류가 어리석은 선택으로 자멸해가고 있는 미래의 어느 시점, 인류를 위기에서 구해내기 위해 기상천외한 시도를 벌이는 과학자들의 모습이 생생하게 그려진다. 소설을 통해 우리는 '과학'과 '상상력'만이 우리 인류를 구원할 유일한 열쇠임을 몸서리치며 체감할 수 있다. 그가 소설속의 영웅적인 과학자들처럼 때로는 냉철한 연구자로서, 때로는 피 끓는 투사로서, 대한민국 과학기술인들의 행복한 삶을 위해 늘 지금처럼 지치지 않는 열정으로 일해주기를 바라는 마음 간절하다.

과학기술인공제회
김영식 이사장

01

'너는 크게 될 거라' 던 스승의 말씀

나는 전라북도 군산에서 4남 2녀 중 셋째아들로 태어났다. 어릴 때부터 운동을 잘하고 다부지다는 소리를 많이 들었던 나는 초등학교 5학년 시절, 새벽 6시면 어김없이 일어나 매일 30분을 걸어 산 밑에 있는 학교까지 통학했다. 그때를 떠올리면 고마우신 선생님들의 모습이 가장 먼저 떠오른다. 지금 생각하면 어떻게 그런 열정을 가지고 아이들을 돌봐주셨을까 존경심을 넘어 경외감마저 들곤 한다.

초등학교 5, 6학년 때 담임을 맡으셨던 이인래 선생님은 교대를 갓 졸업하고 처음으로 우리 학교에 부임한 신참교사였다. 사명감과 열정을 우리에게 쏟아 부으셨던 선생님의 가르침이 지금도 마음 깊이 남아있다. 어릴 때는 선생님이 그저 좋기만 했지만, 사회생활을 하면서, 내가 그 때의 선생님 나이가 되면서, 어떻게 그렇게 열심일 수 있으셨을까 하는 생각에 문득문득 선생님이 사무치게 그리웠고, 교육청을 통해 선생님을 찾았을 때는 임실 심평초등학교 교장으로 계셨다. 초등학교 1, 2학년 담임선생님은 여자 분이셨는데, 코흘리개 아이들의 코를 닦아주시던 하얀 선생님의 손수건이 기억의 편린으로 선명히 남아있다. 우리들의 머리를 쓰다듬어 주시며 선생님은 '너는 크게 될 거다' 라고 항상

기도처럼, 주문처럼, 말씀하시곤 했다. 그리고 그 때 그렇게 얘기해주시던 선생님의 목소리가 평생 생생하게 가슴속에 남아있다.

시골학교 우리들에게 넘치는 정과 사랑으로 늘 미래에 훌륭한 사람이 될 거라는 신념과 훌륭한 사람이 되어야겠다는 소망을 품게 하신 선생님들 덕에 오늘의 내가 있을 수 있었음에, 교육의 위대함과 스승의 사랑에 그저 머리 숙여질 뿐이다. 내가 지금까지 이룬 것들보다, 그렇게 사랑의 눈빛으로 지켜봐주고, 끊임없이 기대해주고, 힘들 때마다 응원해주는 힘이 얼마나 큰 것인지 알고, 나도 다른 누군가에게 그런 사람이 되고 싶다는 강한 열망을 가지게 해주신 스승들이 계셨다는 것이 너무 행복하다.

어릴 적 교과서에서 읽은 '이해의 선물' 이라는 글 속의 위그든 씨 같은 사람이 되고 싶다는 꿈을 나는 그렇게 오래 전부터, 나만의 비밀처럼 소중히 품게 되었다.

> 그때 나는 돈에 대해 아는 게 없었다. 단지 어머니가 사람들에게 뭔가 건네주면, 그 사람들은 으레 무슨 꾸러미나 봉지를 건네주는 걸 보면서, 서서히 교환이라는 관념이 마음속에 스며들었다. 그러던 어느 날, 나는 한 가지 큰 결단에 이르렀다. 그 끝없이 먼 것 같은 두 거리 너머 위그든 씨 가게에 나 혼자 가보기로 한 것이다. 꽤나 애쓴 끝에 간신히 그 가게를 찾아 커다란 문을 열었을 때 종이 댕그랑거리던 것이 지금도 기

고등학교 시절

억난다. 황홀해진 나는 천천히 진열대 앞으로 걸어갔다. 이쪽엔 신선한 박하향이 나는 스피어민트 잎사귀 사탕이 있었다. 저쪽엔 아주 커다란 검드롭스가 있었는데, 깨물기 좋게 말랑말랑하면서 수정 같은 설탕 알갱이로 오돌토돌하게 뒤덮여 있었다. 그 뒤에 상자에는 엄청나게 커다란 눈깔사탕이 있었다. 이 사탕은 입에 넣으면 흐뭇하게 뺨이 불룩해지는데다, 적어도 한 시간 넘게 빨아먹을 수 있는 것이었다. 단단하고 반들반들하게 암갈색 당의를 입힌 땅콩은 위그든 씨가 조그만 나무주걱으로 떠서 팔았는데, 두 주걱에 1센트였다. 내가 이만하면 맛있게 먹겠다 싶게 이것저것 골라 담고 그 하얀 봉투 여러 개를 카운터에 올려놓자, 위그든 씨는 나에게 몸을 구부리며 물었다.

"너, 이만큼 살 돈은 가지고 왔니?"

"아, 네."

나는 대답했다.

"저 돈 많아요."

그리고는 주먹을 내밀어 위그든 씨의 손바닥에 은박지에 정성스럽게 싼 여섯 개의 버찌씨를 떨어뜨렸다. 위그든 씨는 한동안 자기의 손바닥을 들여다보더니, 이번에는 한참 동안 내 얼굴을 살피듯이 바라보는 것이었다.

"모자라나요?"

나는 걱정스럽게 물었다.

그는 부드럽게 한숨을 쉬고 나서 대답했다.

"돈이 좀 남는 것 같다."

그는 대답했다.

"거스름돈을 줄게."

그는 구식 금전등록기 쪽으로 걸어가 철컹 서랍을 열었다. 그리고는 카운터로 돌아와서 몸을 굽히고, 앞으로 내민 내 손바닥에 2센트를 떨어뜨려 주었다.

나는 초등학교 때 교과서에서 읽은 이 이야기의 이 대목이 그렇게 가슴 뭉클할 수 없다. 나이가 들면 들수록 감동의 깊이는 더해져만 간다. 먹고살기 위해 사탕가게를 하는 소시민 위그든 씨가 주인공에게 거슬러 준 2센트의 의미가 얼마나 대단한 것인지 살면서 더 잘 알게 되었기 때문이다. 이 이야기는 주인공이 어른으로 성장해 열대어 가게를 하며 똑같은 어린 손님을 맞아 위그든 씨처럼 대를 이은 선물을 베푸는 것으로 끝이 난다. 나는 어떤 성공보다, 어떤 위대한 인물보다, 실제 삶속에서 정말 멋진 위그든 씨 같은 사람이 되고 싶었고, 지금도 내 가족들, 동료들, 후배들은 물론이고, 나의 공제회 회원들, 직원들에게 위그든 씨 같은 존재가 되고 싶다.

기다려주고, 끝까지 응원해주는 과학 할아버지

과학기술도 마찬가지다. 오늘날 실리콘밸리를 만든 것은 우수하고 뛰어난 과학천재들이 아니라 그들을 기다려주고, 그들의 실패를 이해해주고, 그래도 응원해주었던 정부 관계자들, 투자자들, 기업인들, 위그든 씨와 같은 많은 소시민들 때문이었다고 나는 생각한다. 잡스가 오늘날의 애플을 만들 수 있었던 것은 잡스의 열정과 노력, 천재성 때문이기도 하지만, 그의 생각을 지지해준 동료들과 부모님, 잡스의 가능성만을 보고 첫 주문을 해준 동네 컴퓨터가게 사장, 투자자들, 선배 기업가들의 덕이었다고 나는 생각한다.

우리나라에도 뛰어난 과학자가 얼마나 많은가. 한때 벤처열풍을 몰고 왔던 젊은 과학기술인들은 지금 모두 어디에 있는가. 그중에는 물론 성공한 사람들도 있지만, 정부의 지원과 사회적 관심 속에 불붙은 우리나라의 벤처열풍은 사라진지 오래다. 자신의 전 재산과 모든 역량을 걸고, 획기적인 아이디어로 기술 개발에 매진하던 고급 인력들 중엔 신용불량자로 전락한 이들이 너무 많다. 더 기다려주고, 그들의 실패를 지켜봐주고, 그럼에도 불구하고 투자하고, 독려하는 정부가, 위그든 씨 같은 투자자나 주변인의 마인드가 없었기 때문이다.

나는 실패를 인정하지 않는 우리 사회의 여유 없음이 늘 가슴 아프다. 몇 천 번 흔들려야 어른이 되는 것처럼, 과학적 성과, 기술의 성공은 몇 천 번, 아니 수만 번의 실패한 실험과 연구 끝에 얻어지는 것이다. 요즘 젊은이들은 실패를 두려워한다고, 의지가 약하다고 사람들은 말한다. 그러나 나는 실패를 존중하지 않는, 성공만을 지향하는 우리 어른들의 잘못이라고 생각한다. 성공을 향한 확신보다 실패를 두려워하지 않는 용기가 더 훌륭한 가치임을 우리가 가르치지 못했기 때문이다.

경험을 많이 하는 것은 정말 중요하다. 전문가는 남이 보지 않는 것을 보는 사람인데, 남이 보지 못하는 것을 보려면 경험을 많이 하는 것이 참으로 중요하다. 각 시도교육청에서 운영하는 영재교육원의 초등학생들을 대상으로 하는 과학영재아카데미는 과학기술계의 덕망 있는 원로들이 초등학교 5~6학년을 대상으로 상상력과 창의력을 키울 수 있도록 멘토가 되어주는 프로그램이다. 내가 이 프로그램에 적극적으로 참여하는 과학 할아버지들 중 한 사람이 된 것도 아이들이 어릴 때부터 실패를 두려워하지 않는 힘을 기르도록, 수많은 경험을 하게 하도록 돕고 싶기 때문이다. '숨어있는 1cm를 찾아라'는 광고 카피처럼 안 보이는 것을 찾아서 남들이 보게 하려면 풍부하고 다양한 경험이 정말 중요하다. 점수나 결과가 아니라 '왜'에 집중하며 방법적인 측면에서 모든 것을 설명하고, 아이들이 지치지 않고 신나게 과학적 실패를 경험하고, 실패의 경험들을 바탕으로 성장할 수 있도록 나는 세 명의 멘티들을 대학에 갈 때까지 보살펴주고 지도해주기로 했다.

과학영재아카데미에서 만난 나의 멘티들과 함께
(좌측부터 인천 서면초 노형국, 서울 창원초 김태연, 광주 심리초 김동연)

아이들과 만남의 기회가 더해질수록 정말 소중한 프로그램이라는 생각이 든다. 아버지들은 하기 힘들어도 할아버지들은 할 수 있는 것, 인생이 얼마나 긴 것인지 알고, 삶의 풍랑을 다 겪고 진정한 성공이 무엇인지 깨달은 할아버지들 누구도 아이들에게 열심히 공부해서 좋은 대학에 가라거나 학벌이 중요하다거나 친구를 이기라거나 성공할 만한 연구를 하라고 하지 않는다. 세상을 어느 정도 살아야 얻게 되는 그러한 깨달음들을 지금 이 아이들이 다 알 수는 없겠지만, 그 아이들이 성장해가면서 우리 과학 할아버지들의 뜻을 반드시 이해하게 되리라 나는 믿어 의심치 않는다.

책과 스승에게서 큰 세상을 배우다

나는 초등학교를 졸업하고 군산중학교에 입학하게 되었다. 중학교 시절, 우리나라 교육은 영어에 대한 필요성을 절감하고 있었고, 학교 가고 오는 길에 단어장이 너덜너덜해질 때까지 영어단어를 외우던 기억이 난다. 누가 시켜서 한 일이 아니었다. 어려운 집안 형편에 대학 공부는 사치라는 걸 어린 나도 알고 있었지만, 나는 더 큰 세상으로 나가고 싶었다. 그렇게 군산고등학교에 진학했지만, 형 둘을 대학 공부 시켜야 하는 부모님은 나에게 공고를 가라고 하셨고, 부모의 뜻을 거스를 생각은 꿈에도 못해본 나는 그 또한 받아들여야 한다고 생각했다. 하지만, 그 때 형들이 그래도 인문계 고등학교를 가는 게 낫다고 부모님을 대신 설득해 주었다. 그렇게 군산고등학교에 진학했지만, 대대로 농사를 짓는 집안 형편이 나아질 리는 만무했다. 그러나 나는 공부를 하면서 대학에 가고 싶다는 생각을 더 굳히게 되었다.

1974년, 내가 고등학교를 졸업하던 당시 우리나라는 섬유, 기계, 자동차, 중화학공업이 활황이었다. 나는 기계공학을 전공하기로 하고, 국립대학은 학비가 싸니까 국립대학을 가겠다는 것으로 부모님께 대학 진학을 허락받았다. 대학에 다니면서도 기숙사 생활을 하면서 부지런히 아르바이트를 해야 생계가 유지되는 나날이었고, 나는 '부모님께 받은 것을 돌려드려야 한다, 갚아야 한다'는 마음에 스스로를 채찍질하며 치열하게 대학시절을 보냈다. 대학을 졸업한 이후에는 ROTC 장교로 복무하면서 받은 월급을 모아 대학등록금으로 빚진 부분에 보태 쓰도록 향토장학금을 보내기도 했다.

기술고시라는 것이 있다는 것을 알게 된 것은 대학 1학년 때였다. 당시 군산고등학교에서 같이 공부하던 친구들은 서울대학교나 해양대학교에 많이 갔고, 나도 서울로 대학을 가고 싶은 생각이 굴뚝같았다. 하지만 떨어지면 무조건 직업을 가져야 한다는 생각에 서울대 합격은 좀 불안했고, 그렇다고 연세대나 고려대 같은 사립대학에 갈 형편은 아니었다. 대학에 입학하고, 나는 학교신문사에서 기자생활을 했다. 어릴 때부터 나는 글쓰기를 좋아하는 편이었다. 잘하는 과목은 수학, 물리였는데, 수학이나 과학도 재미있었지만, 책 읽는 것과 글 쓰는 것이 참 재미있었다. 요즘 융합과학이나 융합학문, 문과와 이과의 구분을 없애야 한다는 얘기들이 많이 회자되고 있지만, 나는 오래 전부터 우리나라도 선진국들처럼 문과와 이과의 구분을 없애야 한다는 생각을 가지고 있었다. 내가 어릴 적만 해도 시골에는 책이 참 귀했다. 초등학교 시절 내내 접할 수 있는 책은 몇 권 되지 않았지만, 책을 읽고 또 읽고, 헤지도록 책을 읽으며, 나는 자연스레 나의 미래를, 원대한 세상을 꿈꾸게 되었던 것 같다.

대학 시절

나는 대학신문사에서 일하면서 사법고시를 준비하는 선배들과 주로 어울렸다. 그러다 기술고시가 있다는 것을 알게 된 것이다. 당시 기술고시는 행정학, 헌법, 영어, 기계설계를 포함한 전공 네 과목이었는데, 행정법은 어려워서 법대에 가서 청강을 하기도 했다. 그렇게 3학년 때 1차에 합격한 나는 4학년 때 2차에 합격했다. 대한민국에서 ROTC 재학 중 기술고시 합격자는 처음이었는데, 공부할 수 있는 시간이 넉넉하지 않아서 많이 힘들었다. 하지만, 어릴 때부터 뚝심과 집념이 강한 편이었던 나는 고시 합격을 꿈꾸며 스스로를 채찍질하는 수밖에 없었다. 지금은 행정고시로 통합되었지만 당시는 기술직 공무원에 대한 인식이 많이 부족했고, 기술고시자 수요는 과학기술처, 환경처, 산업부, 특허청 등에 한정되어 있었다.

대한민국 과학기술계의 멘토 찾기

1981년, 나는 그렇게 과학기술처로 발령을 받았다. 1981년 12월 25일, 결혼식을 치른 나는 부산으로 간 신혼여행에서 이틀 만에 대통령이 주재하는 기술진흥확대회의를 준비하라는 연락을 받고, 여행 일정을 앞당겨 올라와 한 달간 보고 준비를 하느라 그 다음해 1월 말 경에야 집에 들어갈 수 있었다. 그 신혼여행 이후 지금까지, 아내는 공무원의 삶은 으레 그런 거려니 하고 산다고 내게 말하곤 한다. 공무원으로서, 과학기술정책가로서 아내는 그렇게 국가보다 자신을 뒤로 하고, 가정보다 나라의 일을 먼저 생각해야 하는 나를 이해해주고 있다. 두 딸들도 속 한번 썩이지 않고 잘 자라주었다. 큰딸은 애니메이션을 공부하고 지금은 남편과 함께 통계학 공부를 하러 미국에 가 있고, 작은 딸도 화학생명공학을 전공하고 대기업에서 근무하고 있다. 나에게 가장 소중한 위그든 씨는 어쩌면 내 아내와 두 딸들인지도 모른다고 나는 늘 생각한다. 나의 소중한 세 명의 여자들 때문에, 그들의 사랑과 희생이 있었기에, 나는 우리나라 과학기술의 미래를 고민하고, 동시대의 과학기술인들, 후세의 과학기술인들을 위한 정책 개발에 골몰할 수 있었다.

지난 31년 간 나는 대한민국 공무원으로 과학문화 진흥, 과학기술 정책 수립, 연구개발 업무 관리, 원자력 이용 및 안전관리 업무 등을 해왔고, 내가 맡은 일들을 수행해서 어느 정도 성과를 거두면 그 경험을 바탕으로 책을 한권씩 내기 시작했다. 내가 공무원으로서 얻은 경험이 나만의 것임이 아님을 잘 알고 있었기 때문이기도 하고, 경험의 중요성을 누구보다 잘 알았기에, 내가 했던 경험을 다른 사람들과 공유하겠다는 사명감 때문이기도 했다. 지금까지 네 권의 책을 썼는데, 원자력과장을 하면서 쓴 「밝은 빛을 내는 원자력의 이모저모」를 시작으로, 러시아 초대과학관을 지낸 후 1996년에 쓴 「날으는 화살엔 표면효과가 있다」, 원자력 국장을 지내면서 쓴 「우라늄 235를 잡아라!」, 이후 2005년에 쓴 「R&D가 살아야 한국경제가 산다」 등 내가 직접 현장에서 보고 느낀 것을 써서 남기는 작업은 나 스스로에게도 큰 도움이 되곤 한다. 책을 쓰려면 내 생각을 입체적으로 정리해야 하기 때문에 큰 공부가 되고, 그렇게 열심히 공부하다 보면 무슨 일이든 제대로 알 수 있었

가족들과 함께

나의 저서 중 한 권인 「R&D가 살아야 한국 경제가 산다」

다. 원자력에 관한 책 「밝은 빛을 내는 원자력의 이모저모」는 카이스트에서 교재로 쓰기도 했고 해외공관에서 원자력 참고서로 많이 사용되었는데, 단순한 이론서가 아니라 같은 길을 가는 선배가 실무를 하며 얻게 된 지식들, 깨닫게 된 생각들을 정리해놓아서 현장에 큰 도움이 되었다는 평을 듣기도 했다.

평생 공무원의 길을 걸어오면서 나는 두 번의 터닝 포인트가 있었다. 첫 번째는 대학 시절 ROTC 교육 중 기술고시에 합격한 일이다. 기술고시 14회 출신인 나는 ROTC 교육 중 기술고시에 합격한 첫 번째 케이스이다. 병영훈련과 교육사열 중 고시공부를 한다는 것이 쉽지 않은 일이었지만, 이를 극복하고 기술고시를 준비해 합격한 것이 희망을 확인하는 계기가 됐고 평생 공무원의 길을 걷게 된 가장 큰 계기로도 작용했다.

두 번째 터닝 포인트는 과학기술부(현재의 미래창조과학부) 국장 재직 시절, 언론의 주목을 받았던 굵직한 사건마다 그 중심에 내가 있었다. 황우석 사건이나 농축우라늄 사건이 그 예다. 농축우라늄 사건은 우리나라 연구진의 농축우라늄 추출 실험에 대해 국제원자력기구(IAEA) 사찰팀이 조사를 벌였던 일로, 추가의정서 비준 전에는 보고 대상이 아니었던 것을 자발적으로 보고했다가 국제적 이슈가 됐던 사건이다. 많은 국민들이 내게 이메일을 보내서 '소설「무궁화 꽃이 피었습니다」처럼 좀 더 힘 있게 추진해 달라'고 요청해 오기도 했다. 당시 과천 시내 식당에 가면 나한테는 밥값을 안 받겠다고 하면서 그냥 주시기도 하고, 가슴이 뭉클한 순간이 많았다. 사실 궂은일은 다들 하기 싫어한다. 나 역시 마찬가지였지만 그래도 회피하지 않고 긍정적으로 받아들였던 것이 오늘의 나를 있게 만든 두 번째 터닝 포인트였던 것 같다.

학생이던 시절에는 그래도 학교 선생님들이 멘토가 되어주셨는데, 직장생활을 하면서는 멘토를 만나기가 참 어려웠다. 직장에서는 학교 선생님들처럼 나를 계속 지켜봐주고, 지지해주는 멘토를 만난다는 것이 어려운 일임을 깨달은 나는 열심히 책을 읽으며 책속에서 멘토를 찾고, 나의 고민을 해결하기 위해 노력했다.

'과학의 날' 행사를 마치고 이명박 전 대통령과 함께

그처럼 사회생활에서 멘토를 찾기란 참 어려운 일이었는데, 과학기술처 사무관 시절의 국장님은 기억에 남는다. 1982년, 대통령이 참가하는 기술진흥확대회의 담당사무관 시절, 기술진흥국장이셨던 최영환 국장님은 엄청난 독서광이셨고, 내게 미래를 보는 눈을 길러주셨다. 훗날 과학기술부 차관까지 지내신 최영환 국장님은 미래사회에서 과학기술의 중요성이 얼마나 큰 것인지 간파하고 계셨고, 방대한 양의 독서로 미래비전을 엮는 일에 항상 열심이셨다. '기술주드의 새 시대 전개'라는 안건으로 1982년 1월 29일에 기술진흥확대회의의 1차 회의가 있었는데, 이 회의 준비를 위해 기업의 기술혁신 촉진, 기술개발 고도화 전략, 벤처 지원방안 등을 모색하고자 각계 전문가들을 만나 자료를 정리하는 과정에서 만나게 된 김광두 교수의 열정도 기억에 남는다. 당시 김광두 교수 등과 함께 집에도 거의 못가고 서울의 내자호텔에서 상당기간 먹고 자면서 우리나라 과학기술의 미래를 대비하기 위한 준비를 하며 나는 20년 이상 앞을 내다보는 눈을 길렀다. 당시 벤처캐피탈이라는 말을 우리말로 어떻게 표현할지에 대해 고심하며 우리말로 만들어낸 '모험자본'이라는 말은 현재까지도 그대로 쓰이고 있다. 표준과학연구원장을 지내시고 현재 과우회 명예회장이시기도 한 박승덕 박사도 자기관리가 철저하고, 과학기술의 저변확대와 대중화를 위해 노력하신 분이셨다. 그 분에게서 나는 과학기술에 대한 국민들의 인식제고가 얼마나 중요한 것인지 깨달을 수 있었고, 책을 저술하는데 있어 후배들에게 멘토 역할만 할 것이 아니라 일반 국민들도 볼 수 있도록 쉽고 자세한 설명이 필요하다는 생각에 한국경제와 연구개발에 관한 단상을 적은 책을 내기도 했다.

그렇게 어릴 적 책속에서 만난 위그든 씨와 같은 분들을 현실에서 한 분, 한분 만나면서 나는 성장할 수 있었고, 지금도 수많은 책속에서, 내가 만나는 과학꿈나무들에게서도 나는 깨달음을 얻는다. 그리고 누군가에게 나도 그런 존재가 되어야겠다는 생각은 과학기술인공제회에 오면서 더욱 확고해졌다.

서울대공원에서 가족과 함께

과학기술정책가로서 공부하는 삶

나는 과학기술정책가로서, 내가 무엇을 어떻게 할지에 대해 관심을 갖고 주변 여건을 분석하면서 늘 반전을 구상한다. 정책가의 시선이 어디에 머무는지에 따라 정책의 방향이 달라질 수 있고, 그에 따라 구성원들의 삶이 질이 달라질 수 있기 때문이다. 정책가로서, 과학자로서 나는 항상 새로운 세상을 볼 수 있어야 하고, 미시적인 관점이 아니라 거시적인 관점에서 세상을 볼 수 있어야 한다고 생각한다. 이는 비단 정책가뿐만 아니라 한 나라의 정치가, 한 집단의 리더, 가정의 가장, 자신의 삶을 능동적으로 이끌어나가려는 주체적 자아가 반드시 가져야 하는 생각이다.

나는 계속 공부하고 좋은 사람들을 많이 만나기 위해 열심히 대학원 최고위과정을 듣는다. 지금까지 7곳에서 공부를 하며, 관련 분야나 전혀 다른 분야의 전문가들과 교류하고 있는데, 내겐 가장 기본적이자 가장 큰 힘이 되는 일이다. 우리 사회에 멘토가 없다는 것에 늘 아쉬움을 느끼던 나는 좋은 책을 찾아 읽는 것처럼 좋은 사람들을 찾아 나서자고 다짐했다. 그렇게 시작된 각 분야 전문가들과의 교류는 내게 늘 많은 깨우침을 준다. 전문가라는 것이 남들이 보지 못하는 것을 보는 사람들이라는 생각도 확고히 가질 수 있었고, 자신의 분야에서 전문가가 되기 위해서 얼마나 많은 공부가 필요한지, 얼마나 좋은 인성이 필요한지 매일매일 깨닫고 있다. 대학을 졸업한 이후, 그렇지 책속에서, 선배와 동료들 속에서, 스승을 찾아다니고 지혜를 구하는 나에겐 세상 모두가 스승이고, 매순간이 감사의 시간이다.

한 사회의 리더는 세상을 새롭게 볼 수 있어야 한다. 새로운 패러다임을 볼 수 있어야 한다. 과학기술공제회 같은 경우도 10년 전과 앞으로 10년 후는 다르다. 지금은 초기 단계이니 기본을 쌓아야 하고, 앞으로 10년은 종합성을 확보해야 한다. 1조를 보는 눈으로 5조를 볼 수 없다. 자산이 늘어나면 그에 맞는 청사진을 제시할 수 있어야 한다. 새로운 변화의 모습을 알려주는 리더, 지식보다는 지혜를 가진 리더가 필요하다. 지혜를 가져야 합리적인 선택과 효율적인 결과를 얻을 수 있기 때문이다. 나는 직원들에게 자신이 하는 일에 대한, 자신의 생각에 대한 확신을 가지라고 이야기한다. 확신과 열정이 중요하다. 자기가 확신하지 못하는 일에 동조할 사람은 없다. 확신을 가지기 위해서는 열심히 조사·분석하고, 끝없이 고민해봐야 한다. 그리고 그 결과, 얻어진 결론에 대해서는 소신껏 밀고나가야 한다.

자신이 맡은 일에 대해 열정적으로 임하는 것은 누구보다도 자기 스스로에게 필요한 일이다. 나는 직원들과 많은 시간을 가지려고 노력한다. 그런 나의 생각들, 나의 경험들을 직원들과 나누기 위해서다. 나는 나의 경험과 생각을 이야기하고 직원들은 그들의 경험과 생각을 나에게 이야기하면 우리는 스스로 보다 확고해지고, 선명해지는 것을 느낀다. 그러는 과정에서 직원들의 생각을 통해 집중근무제와 탄력근무제도 실시할 수 있게 되고, 사내방송도 하면서 우리는 우리가 행복하게 일해야 우리 공제회 회원들이 행복한 삶을 살 수 있다고 확신하게 되었다.

나는 내가 과학자라는 것이 참 감사하고 행복하다. 과학기술은 우리 생활과 밀접하게 관련이 있다. 심리학이나 철학, 역사학 등 다른 인문 분야도 그렇겠지만, 나는 과학기술만큼 실질적으로 우리 생활과 연관된 것이 또 있겠나 생각한다. 그렇게 과학자로서 세상을 거시적으로 보는 관점을 가질 수 있었고, 과학자로서 늘 깨어 있기 위해서는 책만이 아니라 눈으로 볼 수 있는 모든 것과 귀로 들을 수 있는 모든 것을 가급적 다양하게, 많이 접해야 한다고 생각한다. 내가 책뿐만 아니라 영화, 연극, 음악 등을 늘 가까이하고 있는 것도 그 때문이다. 지난해 본 '관상'이라는 영화는 우리 공제회가 나아갈 바를 제시해 주고 있어 유독 감명 깊었다. 영화 마지막에 관상쟁이가 '지금까지는 얼굴이라는 파도만 보았지 파도를 일으키는 바람을 보지 못했다' 라고 회고하는 마지막 장면이 나오는데, 이는 우리 공제회가 투자를 하면서 제안서에만 충실할 게 아니라 투자성향이나 주변동향을 세심하게 파악하는 것이 중요하다는 것을 새삼 깨우쳐 주는 대목이었다.

대전 국립중앙과학관장을 지낼 때는 아침방송과 저녁방송을 했다. 좋은 음악들, 좋은 이야기들을 직원들과 나누면서 우리가 같은 곳을 바라보고 가기 위해 다양한 시도를 해야 한다는 나의 생각은 지금도 계속되고 있다. 나는 인성이 좋은 사람을 좋아한다. 인성이 깊다는 것은 좋은 생각을 깊게 할 수 있는 능력을 가졌다는 얘기다. 어린 시절, 자연을 벗

삼아 공차기도 하고, 온종일 벌레들을 관찰하기도 하고, 그렇게 오랜 시간 자연 안에서 보고, 듣고, 느끼고, 생각하면서 스스로 인내심을 기르고, 생각의 깊이를 더했던 것처럼, 바쁜 도시일수록, 정신없이 변화하는 현대사회일수록, 많은 것을 느끼고, 생각할 수 있는 시간을 가지는 것은 중요한 일이다. 그 중요성을 알고, 교육받고 자란 좋은 사람들만이 행복이 무엇인지 알 수 있고, 진정한 행복이 무엇인지 아는 사람들만이 다른 사람에게 행복한 삶을 선물할 수 있는 것이다. 따라서 요즘에는 어떤 행복이든 행복은 기다린다고 오는 것이 아니라 우리가 만들어가야 이룰 수 있다는 것을 강조하는 '행복 전도사'로서의 역할도 열심히 수행하고 있다.

국립중앙과학관장으로 근무하면서 과학캠프 학생들과 함께

창주(昌住)로서 잃지 않는 신념 세 가지

얼마 전, 직원들을 대상으로 한 강연에서 나는 나의 신념에 대해 이렇게 소개했다. 첫째, 인생은 속도가 아니라 방향이다. 기술고시 동기 중에서도 1급 차관보까지 온 사람은 많지 않다. 하지만, 내가 대학 1학년 때 기술고시를 보겠다고 작정하고 대학 4학년 때 합격해서, 지난 31년간 한 길을 걸을 수 있었던 것은 방향을 잘 정립했기 때문이다. 둘째, '우생마사(牛生馬死)'의 정신을 잊지 말아야 한다. 말이 소보다 수영을 잘하지만 비가 오는 강가에서 말은 계속 거슬러 올라가다 지쳐서 죽어버리고 만다. 하지만, 강물이 흐르는 대로 가만히 자신의 몸을 맡긴 소는 떠내려 가다가 강가에 올라 살아남는다. 우리 인생도 마찬가지다. 나는 자기 자신을 너무 과신해서는 안 된다고 스스로에게 항상 이야기한다. 스스로 과신하는 사람은 공부에 게으르고, 주위에 적을 만들게 된다. 사회생활을 하면서 나는 가급적 적을 두지 않으려고 무던히 노력했다. 셋째, 외부적으로 '역지사지(易地思之)'의 정신과 내부적으로 '하시하지(何時何地)'의 정신을 갖자는 것이다. 항상 상대의 입장에서 생각해보고, 언제나 유용한 사람이 되기 위해 노력하는 것, 인간은 끊임없는 자기수련을 통해 바람직한 인격으로 거듭나는 것임을 잊지 말아야 한다. 그리고 단언컨대, 대학을 가기 위해, 승진을 위해 하는 공부보다 좋은 사람이 되기 위한 마음공부가 더 어렵고 힘들고, 오랜 시간을 필요로 한다. 이는 과학기술인에게 있어서도 아주 중요한 마음가짐이다. 똑똑한 과학자가 모두 훌륭한 과학자는 아니다. 그러나 범인 한 사람보다 똑똑한 한 사람이 잘못된 생각을 가질 경우, 그 위험성은 인류 전체를 위협할 수도 있는 것이다. 그러니, 미래의 과학기술인을 육성하는 데에 있어서도 이론적인 지식보다 인성을 키우고 좋은 가치관을 키우도록 하는 것이 참으로 중요하다 하겠다.

나의 아호는 창주(昌住)다. 가는 곳마다 번창하게 한다는 뜻이다. 나는 오늘도 과학기술공제회에 온 내 사명에 대해 생각한다. 이제 10년을 갓 넘긴 과학기술인공제회의 중점 사업은 과학기술인의 사기진작이다. 과학기술인들이 사회적 불평등을 느끼게 해서는 안 된다고 나는 생각한다. 과학기술인이 의사만큼 중요하고 필요한 존재라는 것을 말로만 이야기해서는 안 된다. 의사보다 낮은 연봉을 받으며, 스스로의 존재감에 긍지를 갖기란 쉽지 않은 일이다. 그렇다고, 과학기술인이 빛나는 명예와 존경을 받는 것도 아니다. 사립학교 교직원들의 사학연금 수준에도 못 미치는 연금을 나는 적어도 사학연금 수준으로 올려야 한다고 생각한다.

과학기술인공제회 10주년 기념식 축사 모습

과학기술공제회 직원들과 함께 한 연탄나눔 봉사

과학기술인들이 긍지와 자부심을 느끼게 하기 위해서는 연구 환경도 중요하지만 노후생활을 안정시키고, 복지서비스를 잘하는 것도 중요하기 때문이다. 복지는 비타민과 같다. 나는 과학기술인들의 삶을 행복하게 하기 위해 보다 강도 높고, 다양한 서비스를 계획하고 있다. 그러기 위해서는 선호도가 높은 분야를 중심으로 서비스를 확충하여 미래에 대비하는 것이 중요하다. 나는 복지지도를 만들어 회원들이 한눈에 그들이 누릴 혜택을 볼 수 있게 하고, 연금을 공고히 하기 위해 수익을 내고 대체투자의 객관적 기법을 만들어 공유할 준비를 하고 있다. 이를 위해 공제회 내에 스터디서클을 만들고 있는데, 증권사 등 민간연구소와 공제회 직원들이 함께 지금까지 내가 만들어온 투자분석모형을 구체화시켜 나갈 예정이다. 그리고 금융기관으로서 따뜻한 투자를 촉진하는 일들을 계속 해나가려고 한다. 사랑은 돈을 주고 살수는 없지만 돈에 사랑을 담을 수는 있다고 생각한다. 돈에 사랑을 담는 것이 바로 따뜻한 투자가 아닌가. 햇빛이 있을 때 우산을 빌려주고 비올 때 우산을 뺏으면 안 된다. 비올 때 우산을 빌려주고 해가 떴을 때 우산을 받아주는 그런 역할을 해야 따뜻한 사회가 이뤄진다고 생각한다.

대한민국 과학기술인이 환하게 웃는 그날까지

대한민국 과학 수준은 IMD(International Institute for Management Development, 국제경영개발연구원) 평가 기준으로 세계 4~5위, 기술은 10~15위에 이른다. 세계 200개국을 100개국으로 축소했을 때 2~5위의 높은 수준이라는 얘기다. 그러나 지금 우리나라 과학기술인들은 1970년대만큼의 대우도 받지 못하고 있고, 과학기술인연금이 사학연금의 82% 수준에 그치고 있는 현실이 이를 방증한다. 나는 국회의원들과 함께 과학기술인문화포럼을 열고, 과학기술인메모리얼파크를 건립하여 그들의 업적을 기리고자 한다. 메모리얼파크 내에는 책을 뉘어놓은 것과 같은 비석을 만들어 좌측에는 과학기술인의 생활신조와 일대기를 적고, 우측에는 주요 연구업적을 쓰고 QR 코드를 넣어서 연구현황을 자세히 알게 할 뿐 아니라 그들의 논문도 읽고, 저서도 볼 수 있는 생태공간을 조성하여 많은 학생들과 일반인들이 편하게 들릴 수 있게 하고 싶다. 이렇게 나는 온종일 과학기술자의 명예회복을 위해 머리를 싸매고 연구에 연구를 거듭한다.

과학기술공제회의 주된 임무는 과학기술인들의 생활 안정과 복지 향상이다. 나는 신뢰성, 전문성, 책임성을 바탕으로 과학기술인들의 행복에 핵심가치를 두고, 공제회의 살림을 번창하게 하는 일에 앞으로도 주력할 것이다. 공제회를 설립 목적에 맞게 잘 이끌어나가기 위해 중요한 요소들이 무엇인지 연구하면서, 행복은 하드웨어적인 행복인 취업, 승진, 연봉과 소프트웨어적인 행복인 느낌, 만족, 보람의 곱으로 이루어진다는 'SEMA(Korea Scientists & Engineers Mutual-aid Association, 과학기술인공제회) 행복공식'을 단들어냈다. 공제회는 그 중에서 소프트웨어적인 행복이 커지도록 100여 개 기관들과 업무협약을 맺고 많은 장단기 사업들을 진행하고 있다. 특히 안정적이고 수익성 높은 투자를 위해 투자분석 모형을 만들고, 투자의 전 과정을 모니터링할 수 있는 투자자산종합관리시스템도 곧 완성할 계획이다.

과학기술공제회의 이사장으로 온지 이제 1년이 지났다. 그동안 연금확충과 강연, 세미나 등 공제회를 알리기 위한 다각적인 노력들을 했고, 회원 확대와 함께 사회공헌 사업도 적극적으로 전개해 1년 만에 회원 수 18% 증가, 회원 부담금 35% 이상 증가라는 가시적인 성과를 얻을 수 있었다. 지난해에는 연금혜택을 받지 못하는 10년 미만 가입자에게도 연금을 줄 수 있도록 복지제도를 보강하고 하루에 2억 8,000만 원의 수익을 올려 제조업으로 치면 '매출 1조클럽'에 들어가는 성과도 올렸다. 이정도 수익은 국내 400대 대기업인 유한양행도 아직 달성하지 못한 수치다. 하지만, 아직 갈 길이 멀다. 과학기술인들의 행복한 삶을 위해 내가 생각한 많은 정책들을 시행하고, 이러한 정책 시행으로 과학기술인들이 그들의 삶속에서 행복을 체감할 수 있을 때까지 강도를 높여나갈 것이다. 실화를 바탕으로 한 영화 '캡틴 필립스'의 필립스 선장처럼 철저히 위기를 대비하고, 미래를 준비하며, 냉철한 통찰력과 희생정신으로 나의 배가 안전하게 육지에 닿도록, 그 때까지 내 배의 선원들이 행복한 항해를 할 수 있도록 나는 더 많이 이야기하고, 더 많이 듣고, 더 많은 꿈을 꿀 것이다. 그리하여 진정 과학기술인이 대우받는 세상, 과학기술인으로서 자부심을 느낄 수 있는 희망찬 세상의 중심이 된 대한민국을 상상하는 것만으로도 벌써부터 내 가슴은 두근거린다.

**과학기술인공제회
김영식 이사장**

- 전북대학교 기계공학과 졸업, 한양대학교 산업공학 석사, 러시아 NAMI 음양학 박사
- 과학기술처 원자력정책과장·연구기획과장, 과학기술부 공보관·기초연구국장·원자력국장, 국립중앙과학관장, 교육과학기술부 과학기술정책실장·연구개발정책실장 역임
- 한국과학기술연구원 기술정책연구소장, CHA의과학대학교 교학부총장 역임
- 국가과학기술위원회 운영위원, 국방부 방위사업추진위원회 위원, 국과학관협회 회장, 국가생물다양성기관연합 위원장, 한국박물관협회 이사 등 역임
- 現 과학기술인공제회 이사장, 국립과학관 운영심의위원회 위원장, 나노기반소프트일렉트로닉스사업단 이사장, 민주평화통일자문회의 자문위원
- 홍조 근정훈장(2010.12), 과학기술부장관상(2000.12), 행정자치부장관상 등 수상

02

고물에서 보석을 캐는
(주)에스틸 김용석 대표
히든 챔피언

독일의 피터 드러커로 불리는 헤르만 지몬 회장은 자신의 저서 「히든 챔피언」을 통해 글로벌 강소기업의 중요성, 중소기업의 세계화를 강조했다. 그는 자신의 저서에서 독일은 수출의 70%를 중소기업이 맡고 있으며, 아직도 20억 명의 인구가 식수와 전기, 대중교통 없이 살아갈 정도로 낙후된 곳이 많아 진출할 수 있는 시장이 크다고 말했다. 그러나 우리나라 중소기업의 사정은 이와는 많이 다르다. 지몬 회장은 대한민국 중소기업이 성장하지 못하는 가장 큰 배경을 중소기업을 존중하지 않는 문화로 꼽았다. 20~30년간 제조업에 종사한 마이스터들이 대기업 간부들보다 더 존경받고, 기술자들이 사무직보다 돈을 더 많이 버는 문화가 무엇보다 필요한데, 대한민국은 독일과 달리 그러한 문화가 정착되지 못했다는 것이다.

실제로 우리나라 중소기업은 열악하다. 정부는 늘 대기업과 중소기업의 상생, 중소기업 중점 육성 정책을 이야기하지만, 재벌에 대한 의존도를 깨기 위한 실질적 정책은 턱없이 부족하다. 대한민국 중소기업 사장들은 기술 개발에 자신의 전 재산을 걸고, 목숨까

(주)에스틸 / 김용석 대표

지 담보해야 하는 게 현실이다. 대기업에 대해 늘 약자일 수밖에 없는 중소기업은 실패에 대한 두려움, 온전히 혼자서 모든 것을 감당해야 하는 시스템의 부재로 인해 세계화는커녕 살아남는 일마저 버겁기만 하다. 그러나 이 모든 난관을 극복해내고 세계 속의 강소기업으로 우뚝 선 우리의 중소기업이 있다. 우수한 기술력뿐만이 아니다. 말로만 하는 상생이 아니라 진정한 대기업과의 상생이 무엇인지 보여줌으로써 동반성장의 가능성을 제시한 중소기업이 있다.

(주)에스틸의 무한신뢰 정신은 대기업과의 상생뿐만 아니라 회사와 직원간의 신뢰로도 닿아 있다. 바로 이 회사만의 '3무정책'이다. 에스틸에는 임금체불, 해고, 정년이 없다. 세계적 기업에게서도 보기 힘든 무해고, 무정년이 어떻게 가능할까. 열악하고 힘들기만 한 대한민국 중소기업에게 어떻게 이런 일이 가능할까.

그에 대한 해답은 에스틸 김용석 회장의 '인본' 정신에서 찾을 수 있다. 온갖 어려움과 위기 속에서도 사람이 중심이 되는 결정, 사람을 최우선의 자리에 놓는 판단으로 지금의 에스틸을 이끈 그의 신뢰로움은 수많은 인생의 난관을 긍정의 힘으로 극복하고, 늘 앞서서 새로움을 창조하고, 찾아내는 그의 오랜 철학이 있어서 가능한 일이었다. 오로지 스스로의 힘으로 모든 어려움을 극복하고 글로벌 강소기업으로 발돋움하고 있는 에스틸이 이제는 정부의 지원과 민간의 관심 속에 더 크고 원대한 꿈을 이룰 수 있길 소망해 본다.

**(주)에스틸
김용석 대표** 02

아버지의 꿈과 가난했던 어린 시절

황해도 봉산에서 3남 1녀의 둘째로 태어난 나는 6·25 전쟁과 동시에 형과 함께 어머니 등에 업혀 서울 4대문 안인 종로 6가로 피난 와 살았다. 아버지는 서울에 와서 밀가루 장사를 하셨는데, 5.16 혁명 때 삼분폭리 사건으로 밀가루 값이 급등했고, 그렇게 큰돈을 벌게 되신 아버지 덕에 효제초등학교 시절이 내 생애 가장 여유 있던 시절이었다. 삼분폭리 사건은 밀가루, 시멘트, 설탕 등 세 가지 분말(粉末) 제품을 생산하던 대한제분(동아그룹), 대한양회(개풍그룹), 제일제당(당시 삼성 계열사) 등 세 개 재벌을 중심으로 19개 기업이 담합해 정부 고시가격의 5배가 넘는 폭리를 취했던 사건이다.

그렇게 갑작스럽게 번 큰돈은 아버지를 헛된 꿈에 빠져들게 했고, 아버지는 밀가루로 번 돈으로 금광의 꿈을 꾸기 시작하셨다. 그리고 내가 초등학교 6학년 되던 해, 우리 집안은 말 그대로 폭삭 망했다. 그때부터였는지 모른다. 집안의 행복을 한순간에 앗아간 아버지의 욕망이 나는 두려웠다. 그래서 그 후로 지금까지 나는 내가 흘린 땀만을 믿는다. 노력하지 않고 얻을 수 있는 것은 아무 것도 없다. 설사 당장 무엇을 얻었더라도 내가 노력한 만큼이 아니면 그 이익이 어떤 손해로 다가올지 모른다는 것을 나는 초등학교를 졸업할 무렵 알아버리게 되었다.

하루아침에 모든 것을 잃은 아버지는 종로에서 휘경동으로 이사를 해 자전거포를 하셨다. 내가 중학교에 입학할 때는 중학교도 시험을 봐서 들어갔고, 합격자 명단이 신문에 발표되던 시절이었다. 나는 휘문중학교에 1차로 합격했다. 이른 새벽 혼자 일어나 합격자 명단이 실린 신문이 오기만을 기다리던 기억이 난다. 공부를 잘 해서 아버지와 어머니를 다시 웃게 해드리고 싶었던 것 같다. 콩닥거리는 가슴으로 가족들이 모두 잠들어 있는 새벽, 신문이 오기만을 기다리던 나는 좋은 중학교에 합격하기만 하면 내 꿈을 다 이룰 수 있을 것 같았다.

그렇게 간 중학교였지만, 집안 형편은 갈수록 어려워져만 갔고, 우리는 휘경동에서 다시 북아현동으로 이사를 했다. 등록금을 내기 힘든 형편이었고, 등록금을 못내 결국 중학교 3학년을 두 번 다녀야 했다. 모두 가난한 시절이었지만, 지금 생각해보면 가난해도 너무 가난했다. 중학교 2학년 시절, 새벽마다 고등학생이던 형님과 함께 북아현동, 만리동, 공덕동 언덕바지를 뛰어다니며 신문을 배달하고 등교했다. 학교에서 돌아오면 다시 석간이었던 경향신문을 배달했다. 눈이나 비가 오면 신문이 젖을까봐 가슴에 품고 비닐봉지에 싸며 전전긍긍했던 기억이 난다. 눈이나 비는 내게 어떤 낭만도 주지 못했다. 중학생이 눈과 비만 오면 한숨부터 나고 걱정만 태산 같았다. 그것뿐이 아니다. 지금도 개 짖는 소리만 들어도 소름이 끼친다. 집집마다 마당에 개를 키우던 시절, 느닷없이 짖어대는 개들 때문에 소스라치게 놀라 넘어진 적이 한 두 번이 아니다. 아직 어둡기만 한 새벽, 눈과 비, 짖어대는 개들이 내 겐 공포스럽기만 했고, 겨우 10년을 조금 넘겨 산 내게 삶은, 인생은, 너무 버겁기만 했다. 쉬는 날이면 수금도 다녀야 했다. 신문사절이라고 크게 대문에 써 붙여 놓은 집에도 일단 신문을 던져 넣고 냅다 도망가던 기억. 애걸복걸, 사정사정해가며 신문 값을 수금하던 기억이 아직도 생생하다. 몇 번씩 여유를 줬는데도 등록금을 못 내느냐, 아이들 앞에 불려 일어서서 담임선생님께 혼이 나고 집에 가는 날이면 펑펑 울며 학교에 안 다니겠다고 어머니 앞에서 목 놓아 울었지만, 부모님도 어찌해줄 수 없는 노릇이었다. 나는 결국 중학교 3학년을 휴학했고, 이듬해 2학년 후배들과 다시 3학년을 다녀야했다.

중학교 휴학 시절, 나는 기타의 매력에 빠지기 시작했다. 포크송이 유행하던 시절이었고, 비틀스가 세계적으로 유행하던 때였다. 나는 당시 유명했던 세기 기타학원에 등록해 기타를 배우기 시작했고, 얼마 지나지 않아 'K보이스'라는 밴드를 결성하고 리드기타가 되었다. 기타를 치고 있는 동안만은 내가 잘난 사람인 것 같았고, 뭐든 내 뜻대로 될 것 같았다. 하지만, 난 다시 학교로 돌아가야 했고, 나의 음악에의 꿈은 그렇게 한여름밤의 꿈처럼 사라져갔다. 그러나 이미 알아버린 마법과도 같은 음악의 세계에 빠진 나는 공부를 등한시하기 시작했다. 내 인생 처음의 일탈이었다. 학교에 다시 다니면서도 나는 기타학원에 같이 다니던 형들과 함께 밴드 창단 준비를 하기 시작했다. 하지만, 우리의 꿈은 금세 좌절될 수밖에 없었다. 밴드가 연습을 하려면 방음된 시설이 필요했고, 악기 구입에서부터 모든 게 돈이 필요하다는 것을 깨닫는 데까지 얼마 걸리지 않았다. 우리는 한국의 비틀스를 꿈꿨으나 가진 것이 너무 없었다. 꿈을 이루는 데, 열심히 하는 것만으로는 안 된다는 것이 나를 너무 좌절케 했다. 아버지의 헛된 꿈을 보며, 나는 꿈을 위해 열심히 노력하겠다고 다짐했었는데, 열심히 하는 것만으로도 모자라다는 것이 어린 내게는 너무 무서운 일이었던 것 같다. 돈이 없어 학교를 쉬어야 했던 시절, 공부는 못해도 음악은 할 수 있을 거라는 희망에 삶을 걸었던 나는 갑자기 길을 잃어버렸다. 그렇게 같이 음악을 하던 형들도 하나 둘 군대를 가고, 나는 휘문고에 진학했다.

중학교에 들어갈 때는 우수한 성적으로 들어갔지만, 고등학교에 들어갈 때쯤, 나는 완전 다른 사람이 되어 있었다. 열심히 해도 돈이 없으면 공부를 할 수 없다는 것도 알아버렸고, 가난은 또 다른 꿈을 꾸기에도 너무 버거운 현실이라는 것을 알아버린 것이다. 나는 더 이상 공부에 매진하지 못했다. 그저 음악을 듣고, 가끔 영화를 보러 다니는 것이 나를 그나마 숨 쉬게 해주었고, 그렇게 방황하는 나의 청춘은 서글프게 지나가고 있었다. 고3이 되었고, 기술 하나는 있어야겠다는 생각에 나는 기타학원 옆에 있던 통신기술학원에 다녔었다. 기술이 있어야 뭐라도 해서 먹고 살겠지 하는 막연한 생각에서 누가 시키지도 않았는데, 나는 통신기술학원에서 기술을 익혀갔다. 그런데 고3 겨울, 마침 육군에서 소년통신병을 모집했다.

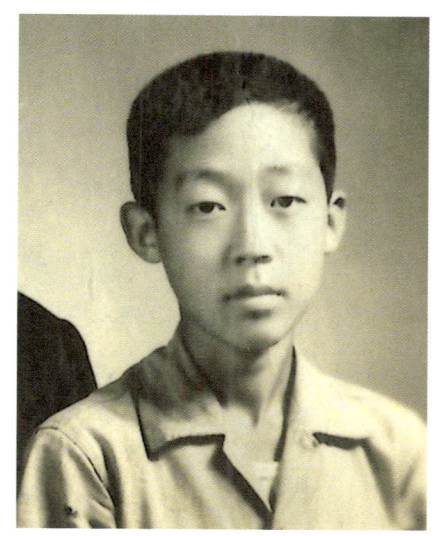

어린 시절

미사일통신병 시절, 전문기술의 중요성 알아

당시 대한민국 최초로 미사일 부대를 만들겠다는 야심찬 우리 정부의 프로젝트에 특수교육을 시킬 만한 어린 소년병들을 뽑았던 것이었다. 학원에서 기술을 배우던, 갓 고등학교를 졸업한 아이들이 입대를 했고, 자원만 하면 무조건 입대할 수 있던 시기였다. 논산훈련소를 가는 날, 서울역에서 부모님과 헤어지고, 수용연대에 가서 신체검사를 했다. 그러나 170cm에 45kg, 시력 1.0 이하인 나는 군대를 갈 수 없는 상황이었다. 못 먹어 비쩍 마른 몸에 시력도 안 좋은 나는 군대에서도 받아주지 않는가. 나는 너무 속이 상했다. 그러나 가난 때문에 더욱 자존심 강했던 나는 송별식까지 해서 온 군대에서 귀가명령을 받고 다시 집으로 돌아갈 수 없었다.

"안경을 쓰고라도 가겠습니다."
"이 몸무게를 가지고는 훈련을 못 받는다."

그렇게 담당 소령과 실랑이를 벌이던 나는 사정사정해서 겨우 신체검사를 통과했다. 그 시절이니 가능한 이야기다. 하지만, 시력이 안 좋은 데다 안경을 만드는 데에도 오랜 시간이 걸리던 시절이라, 훈련소에 입소하고 훈련이 시작됐는데도 안경이 도착하지 않았다. 사격을 하면 무조건 불합격이었다. M1 소총을 다리에 넣고, 눈물고지를 오르던 기억이 아직도 끔찍하다.

나는 논산훈련소의 훈련을 겨우 마치고 대전의 육군통신학교로 자대배치를 받았다. 그리고 미사일 요원 양성을 위해 기술학교에서 6개월간 훈련을 받았다. 나는 최종 동기생 중 1등으로 그 과정을 수료했다. 재미있었다. 통신기술이 그렇게 재미있을 수가 없었다. 나는 책을 들고 파며 6개월 간 정말 열심히 공부했다. 당시 우리 동기 중에 해군중사가 있었는데, 1등을 그 중사에게 양보하라는 이야기도 들었지만, 나는 그럴 수 없다고 했다. 그러기 싫었다. 내 인생 처음으로 내가 노력한 데 대한 대가가 주어졌는데, 이것마저 다른 사람에게 양보하기가 죽기보다 싫었다. 그렇게 해서 나는 육군통신학교 이춘화 소장의 날인이 찍힌 상장을 받았다. 1등에게는 특권 하나가 주어졌는데, 자신이 가고 싶은 부대를 고를 수 있었다. 인사계는 미사일부대로 가기를 권유했다. 싫었다. 당시 미군은 오산 이북에는 한국군에게 미사일을 줄 수 없어서 광주 무등산, 벌교 존재산, 양산, 나주 금성산 등 남해안에만 미사일이 있었고, 미사일부대는 서울과 멀리 떨어진 남쪽에만 있었다. 나는 서울 보안사나 다른 데에도 갈 수 있는 인원이 있는데, 내게 안 보여주는 게 아니냐고 어필했다. 그러나 나는 내 친구 두 명과 같이 발령을 내주면 미사일부대를 가겠다고 타협을 했고, 통신기술학원 동기인 친구들과 부산 조병창에 모여 다시 창설부대로 갔다.

처음 부대로 가서는 내가 하고 싶었던 통신기술을 사용할 기회가 없었다. 창설부대라 통신기술을 적용할 기회보다 철조망을 세우고, 막사를 짓는 등 공병의 일만 도맡아 해야 했다. 하지만, 통신학교에서 IFF 장비 교육을 받았던 나는 1등을 했다는 것 때문에 얼마 지나지 않아 철조망 공사에서 빠져 방군포병사령부에서 미군과 실전을 같이 할 수 있도록 IFF(우적군식별기) 장비를 맡기 시작했다. 당시는 특급기밀이었기 때문에 보안각서도 쓰고, 신원조회도 했다. 우적군식별기는 전파·음파로 질문신호(質問信號)를 보내면 그 전파·음파를 감지한 아군의 비행기, 함정, 잠수함 등에서 자동적으로 응답신호를 보냄으로써 아군임을 식별할 수 있게 되어 있는 장치로, 산의 제일 꼭대기 동그란 레이더 한가운데에 있는 장치다. 나는 IFF 장비를 책임지는 수리병으로서, 청취기 수리를 위해 매일같이 산등성이에서 산등성이로 돌아다녀야 했다. 그렇게 나는 SAM(지대공미사일) 부대 청취기 수리병으로 IFF 장비를 수리·운영했다. 오산 이남의 레이더는 다 볼 수 있었다. 오산의 38여단은 전체 미사일을 볼 수 있었고, 비행기에 매일매일 바뀌는 그날의 암호를 맞추고 우리나라 영공에 들어와야 우군으로 식별되며, 암호가 다른 비행기는 적군으로 판별되고, 즉시 발사대에 보고해야 한다. 한번은 수리를 하다가 2만 2,000볼트에 감전을 당하기도 했다. 장비의 전압이 2만 2000볼트인데, 전류가 약해서 죽지 않았지, 그 자리에서 죽을 뻔한 기억이 있다.

어쨌든 나는 군대생활에서 전문기술이 있어서 대우를 받는다는 게 뭔지 알게 됐다. 중학교 입학 이후, 열심히 해서 인정을 받고 칭찬을 받는다는 기분이 뭔지 오랜만에 다시 느낄 수 있었고, 난생 처음 나 자신이 그럴듯해 보였다. 나는 뛰어난 기술을 인정받아 제대 6개월 전, 중대장에게서 좀 더 체계적인 미사일교육을 받기 위해 미국에 가기를 권유받았다. 중대장은 미국에 보내줄 테니 장기복무를 하고, 1년간 교육을 받으면 이 분야에서 확실한 전문가가 될 거라고 나를 설득했다. 만약 그 때 미국에 가서 교육을 받고 왔으면, 항공사에 뽑혀 좋은 대우를 받았을 것이다. 영어는 물론이고, 항공기에 반드시 필요한 통신기술을 미국에서 배운 전문가로 인정받을 수 있었기 때문이다.

그러나 나는 평생 군인으로 살아야할지 모른다는 사실이 싫었고, 우선은 제대가 하고 싶었다. 그러나 막상 제대를 했지만, 무엇을 해서 먹고 살지 막막했다. 당시 아버지 고향 친구 분 중 말죽거리에 커다란 포도밭을 가지고 계셨던 분이 강남 개발로 어마어마한 부자가 되셨고, 건설회사를 차리게 되어 아버지가 그 회사의 경리담당 임원으로 계셨다.

나보다 먼저 제대한 형님도 그 회사에 취직해 있었고, 딱히 다른 할 것이 없던 나는 그렇게 연흥건설의 노무 담당자로 취직했다. 노무 담당자의 업무는 오늘 노동자가 몇 명 일했고, 자갈이 몇 차 들어왔는지 등을 체크하는 것이었다. 당시 현장소장님은 신상옥 영화감독의 친형님이신 신태선 소장이셨다. 하루는 현장소장님이 나를 조용히 불러 "그렇게 인부들에게 존칭 써가며 얘기하다간 무시당하기 십상이고, 네 말을 안 듣게 된다. 나이는 어리지만, 인부들에게 막말을 해라"라고 말씀하셨던 게 기억난다. 연흥건설은 당시 지금의 용산전자상가를 건설했다. 개천 복개공사를 하고 상가를 지은 것이다.

군대시절

보험소장으로 시작해 맞은 첫 번째 터닝 포인트

건설시장이 워낙 경기가 좋았던 시절이라 우리 집안도 살기가 좀 나아졌지만, 배운 것이 별로 없었던 아버지 친구 분이 서부이촌동 아파트, 춘천 도로공사 등 사업을 너무 벌이다 회사가 부도를 맞았다. 경리담당이었던 아버지는 어음 때문에 밤잠을 못 주무셨다. 아버지는 어쩔 수 없이 8부 선이자를 뗀 어음깡을 하러 다니셨다. 하루는 을지로 5가 시멘트 대리점으로 아버지 심부름을 갔다. 한일시멘트 대리점이었는데, 그 때 어음에 문제가 생겨 동대문경찰서로 끌려가게 됐다. 내 생애 처음이자 마지막 경찰서의 하룻밤이었다. 이튿날 출두하신 아버지는 얘는 심부름만 했다며 나를 집으로 보내셨다. 나를 집으로 보내고 대신 유치장에 들어가시며 "엄마한테는 여기 있다는 얘기 하지 말아라"라고 말씀하시던 아버지의 모습이 지금도 눈에 선하다. 얼떨결에 풀려났지만, 나대신 경찰서에 계실 아버지 때문에 아무에게도 말도 못하고 밤새 뜬눈으로 지새우던 기억이 지금도 어제일 같다. 그렇게 건설회사는 파산을 했고, 내가 다시 선택한 직업은 보험회사 영업사원이었다.

나는 당시 영업직이 뭔지도 몰랐다. 그냥 신문에 난 영업직 모집 기사를 보고 뭐라도 해야겠다는 생각에 회사를 찾아가 면접을 보고 흥국생명의 영업사원이 되었다. 그리고 입사 3년 만에 말단사원에서 남산영업소 소장이 되었다. 그 무렵, 지금의 아내를 만났다. 신입사원으로 입사했던 아내에게 첫눈에 반한 나는 결혼에까지 이르게 됐다. 소심하고 내성적이던 어린 시절의 나를 생각해보면 나조차도 잘 믿기지 않지만, 나는 보험회사에 입사하면서 영업에 탁월한 능력을 발휘하기 시작했다.

그렇다고 내가 지나는 사람 붙잡고 아무한테나 얼굴에 철판 깔고 보험 상품을 잘 팔았다는 얘기는 아니다. 나는 사업아이템이 무궁무진했다. 나는 통일교 목사님들을 상대로 건강보험을 팔 생각을 했다. 당시 목사님들을 위한 보험 상품이 없다는 것을 안 나는 통일교 전체 목사님들을 상대로 보험 상품을 개발하고 보험 판매에 나섰다. 뿐만 아니다. 나는 보험의 사각지대에 있는 직군들을 조사해 전체 협회 단위의 대규모 영업을 취급했고, 그렇게 서울에 있는 개인 용달차 협회에 가서 개인 용달차 차주들을 상대로 한 건강보험 가입을 성사시켰고, 오토바이 보험도 개발했다. 나는 퇴계로 오토바이상가 앞에 가서 녹음기를 들고 설문조사를 하기 시작했다. '6개월 동안 사고보험을 무료로 들어준다면 어떤 오토바이를 사겠느냐' 등의 질문지를 직접 작성하여 서울뿐만 아니라 전국의 대리점을 다니며 1,000여 명의 고객 설문조사를 마쳤다. 그리고 당시 오토바이 판매 1위였던 대림 기아가 아닌, 2위 효성 스즈키를 상대로 보험을 팔았다. 당시 효성 스즈키에 낸 나의 제안서는 조홍래 사장에게까지 보고되었고, 조홍래 사장은 그룹 차원의 보험 가입은 물론, 효성그룹 전체의 신입사원 영업담당 교육을 내게 부탁하셨다. 그렇게 시작하게 된 직원 교육은 보험영업에서도 이어져 나는 그때 강의를 위해 참 많은 공부를 했다. 나의 영업 기질, 영업에 대한 철학은 그때 비롯된 것이다.

보험회사 재직 시절

그러다 박정희 대통령이 서거하고 전두환 정권이 들어선 시점에, 잡지에 내가 쓴 글 한편이 문제가 되어 나는 회사를 그만두게 되었다. 평생 월급쟁이로 살기에는 사업 아이템이나 비즈니스에 대한 아이디어가 너무 많았던 나는 이 기회에 뭔가 내일을 찾아야겠다고 생각하고 과감히 사표를 던졌다. 내가 참모 스타일이라기보다는 지휘관 스타일이라는 것을 깨달았던 것도 그쯤이었다. 아내는 말도 못하게 반대했다. 한 달 열흘만 버티면 퇴직금이 두 배가 되는데, 그 때까지 만이라도 다시 생각해 보라는 것이었다. 하지만, 이 길은 아니라는 생각에 나는 일단 회사를 그만두었다. 내 인생의 첫 번째 터닝 포인트였다.

당장 할 일은 없었다. 나는 사업 아이템을 구상하면서 집에서 발명만

했다. 깍두기 자르는 기계, 세콤과 같은 보안장치, 택시의 거스름 동전 장치 등을 만들었다. 동전 바꾸는 장치는 특허청까지 갔지만, 최종심사에서 퇴짜를 맞았다. 변리사를 통하지도 않고, 직접 가져가서 신청을 했으니, 당시 분위기로 봐서 통과될 리가 없었다는 것을 나중에서야 알게 됐다. 하루는 라면을 끓여먹다가 컵라면에 대한 아이디어도 발명했다. 당시 업계 1등은 삼양라면이었고, 2등이 농심라면이었다. 나는 처남과 함께 개발한 상품을 들고, 농심라면 공장을 찾아가 이문희 상무를 만났다. 나는 그 자리에서 시연을 해보이겠다며 물만 끓여 달라고 했고, 라면의 두께를 반으로 잘라서 사이에 스프를 넣어 담아간 양은냄비에 끓는 물을 부었다. 지금의 컵라면 아이디어였다. 성사된 것 없이 해프닝으로 끝났지만, 그로부터 꼭 6개월 후, 농심에서 '사발면'이라는 제품이 나와 선풍적인 인기를 끌었다. 그때 나의 발명품들이 사업적으로 성과를 내지는 못했지만, 나는 하나도 아쉽지 않다. 오히려 내가 생각해낸 아이디어가 얼마 후, 아니면 한참 후에라도 상품화되어 출시되는 것을 보고 내 아이디어가 쓸 만한 것이었구나 하는 생각에 혼자 속으로 뿌듯해하곤 한다.

인생에서 깨달은 창조적 · 적극적 · 긍정적 사고관

그때부터 나에게는 하루에 하나씩 새로운 것을 만들어낸다는 창조적 인생관이 자리 잡기 시작했다. 반드시 물건이 아니어도 좋다. 하루에 하나씩 새로운 아이디어를 생각하거나 새로운 깨달음을 얻어도 좋고, 뭔가 새로운 일을 시작해도 좋다. 매일의 생활 속에서 끊임없이 새로운 것을 추구해야 한다는 것이 나의 세 가지 인생관 중 하나인 창조적 인생관이다.

적극적 사고관은 사고를 바꾸면 행동이 바뀌고, 행동이 바뀌면 습관이 바뀌고, 습관이 바뀌면 성격이 바뀐다는 나의 운명 개척론에서 기인한다. 가난해서 학교도 다니기 힘들었고, 음악에의 열정을 펼치지도 못했다. 그러나 그런 상황 속에서도 나는 통신기술을 배웠고, 통신기술로 군대에서 인정받았으나, 계속 군대에 있지 않고 제대라는 선택을 했다. 우연히 들어간 보험회사에서 보험소장으로 능력을 인정받았으나, 거기서 머물지 않고 또 다른 길을 선택했다. 그렇게 나는 운명에 굴복하고 되는 대로 살기보다는 생각하는 대로 내 인생을 끌어가기 위해 그럼에도 불구하고, 용기를 내고, 끊임없이 노력하고 좌절하지 않으려고 발버둥쳤다. 적극적으로 살려면 긍정적인 사고를 할 수밖에 없다. 나는 할 수 있다는 일념으로 내게 주어진 운명을 극복하고 싶었고, 결국 화답을 얻었다.

나만의 사업 아이디어를 얻고, 돈을 벌어보겠다는 생각에 매달려 밤을 새워 발명과 연구 개발에 미쳐있던 시절이었다. 그러나 새로운 것을 추구한다는 것은 절대 쉬운 일일 수 없다. 보험회사에서 번 돈으로 산 교문리 집도 팔아야 할 형편이었다. 그러던 어느 날, 은행 대부계에 있는 친구를 대출 때문에 찾아갔고, 은행 대출을 부탁하는 내게 그 친구가 고철 장사 한번 해보지 않겠느냐고 제안했다.

"고객 중 제조업 사장님들을 소개해줄 테니 고철장사를 해봐라. 고철장사는 현금장사고, 부지런히 일하는 만큼 돈을 벌 수 있다."

4정6S 공장혁신활동 대상 수상 기념으로 공장에서 직원들과 함께

나는 그날로 짐을 싸서 식구들과 부평으로 내려갔다. 내 이름 석 자에는 '쇠금(金)' 자가 다 들어가 있다. 그렇게 철과 나의 인연이 시작됐다. 나는 부평 효성동에 '신성자원'이라는 간판을 내걸고 고철장사를 시작했다. 1986년 7월 1일이었다. 당시 고철상은 많았지만, 상호에 '자원'이라는 이름을 붙인 것은 내가 처음이었다. 같은 고철장사도 남들과 다르게 해보겠다는 나의 의지였다. 중요한 자원인 '고철'을 그저 사고파는 게 아니라 이 자원을 이용해 무언가 해볼 수 있지 않을까. 나는 끊임없이 생각하고 생각했다. 고철장사는 호황이었다. 삼성의 이병철 씨도 예전에 고철장사로 큰돈을 벌었을 정도로 철은 쓰임이 많다. 큰 제철소, 즉 인천제철(지금의 현대제철), 동국제강 같은 회사에 1차 벤더를 통해 납품하고 있었다. 그런데 제철회사보다 마진이 높은 것이 주물공장이었

다. 당시는 주물로 카운터웨이트를 만들었기 때문에 고철 값을 더 쳐줄 수 있었다. 나는 더 큰 이익을 남기기 위해 눈을 그리로 돌렸다.

동반성장의 본보기 보여주는 두산과의 상생협력

카운터웨이트는 균형추(均衡錘)라고도 하는데, 크레인이나 지게차 등은 하중을 상부로 올렸을 때 넘어질 우려가 있으므로 이것을 방지하기 위해 넘어질 교차점이 되는 곳에서 되도록 먼 곳에 인양하중에 대항해서 추(錘)를 부착해 둔 것을 말하며, 이동식 크레인, 해머 크레인, 트럭 크레인, 지게차 등에 모두 카운터웨이트가 쓰인다. 공사 현장에서 흔히 보는 굴삭기는 약 2만 여 개의 부품으로 만들어지는 최첨단 장비이다. 그 중에서도 굴삭기의 무게중심을 잡아주는 중요한 부품인 카운터웨이트는 당시 대부분 주물로 만들었는데, 일본의 고마츠라는 굴삭기 회사가 제관을 만드는 데 철강석

창립 27주년 기념식에서 직원들과 함께

을 넣어 원가를 절감하고 있었다. 우리나라에서는 다우종합기계가 철강석을 넣은 제관을 사용한 굴삭기 회사를 준비하는 과정에서 대우의 1차 벤더인 성진산업이 박스를 만들고, 우리 회사가 2차 벤더가 되어 안에 내용물을 채우는 일을 맡게 되었다. 그러나 철강석은 단가가 맞지 않았다. 철강석은 수입도 해야 하고, 단가도 높았다. 나는 제철소에서 돈을 주고 폐기물로 버리는 스케일을 이용해 뭔가 할 수 있지 않을까 연구하기 시작했다. 스케일은 말 그대로 폐기물로, 금속 면에 부착된 불순물, 즉 금속 산화물을 말한다. 나는 스케일을 파우더로 만들어서 시멘트와 혼합해 철강석과 무게를 맞춰봤다. 철강석은 비중이 3.5이고, 스케일은 2.8, 고철은 7.85니까 스케일에 고철을 10%쯤 섞으면 철강석의 비중을 맞출 수 있었다. 그렇게 연구에 연구를 거듭한 끝에 나는 원가를 획기적으로 낮춘 재활용 기술을 개발했고, 1년 동안 강도시험, 충격시험 등의 모든 심사를 거쳐 마침내 스케일을 재활용하는 기술로 산업자원부에서 GR(굿 리사이클링) 마크를 받았다.

철강석 대신 폐자원을 사용한 것은 우리 회사 (주)에스틸이 세계 최초다. 지금은 다 스케일을 쓰지만, 처음에는 '우리는 절대 스케일을 쓰지 않는다. 90% 이상 리사이클이 안 되면 안 된다'고 했던 볼보사도 우리 회사에서 보낸 한국화학시험연구원의 성분 분석 자료를 보고는 스케일을 사용한다. 2차 벤더로 시작했던 우리는 1차 벤더가 파산하면서 1차 벤더로 납품을 하기 시작했고, 대우가 두산인프라코어로 바뀌고 오늘날까지 우리는 두산과 함께 가고 있다. 그동안 현대, 볼보 등에서도 러브콜이 왔지만, 두산과의 관계를 생각해서 우리 회사는 경쟁사에게는

동탑산업훈장 시상식에서

납품하지 않는다는 원칙을 지금까지 고수하고 있다. 현재는 세계 모든 업체가 스케일을 이용해 카운터웨이트를 만들지만, 우리 회사가 7개의 특허를 가지고 있는 '스케일을 이용한 산업차량의 카운터웨이트 제조공법'은 따라올 자가 없다. 우리 회사는 7분에 1개를 만드는데, 다른 회사는 빨라야 2시간에 1개, 영국은 4시간에 1개를 만들 수 있기 때문이다. 산업혁명의 발상지인 맨체스터에서도 10년째 우리 제품을 사가고 있다. 영국 JCB라는 세계 5대 굴삭기 회사가 공장대지를 제공하고, 설비 반값을 댈 테니 공장을 짓자고 제안했지만, 시찰을 가서 너무 시골이라 우리 임원들이 여기서 살겠는가 싶어 JCB 측의 제안을 거절하고, 대신 우리 등판을 평생 사간다는 조건에 기술을 제공한다는 협약을 체결했다. 굴삭기 뒷 등판(스킨 플레이트)은 영구히 납품하고, 기술을 전수하겠다는 것이다. 현재 JCB의 영국, 중국 상해, 인도의 공장에 납품하고 있고, 터키 히드로멕, 일본 히다치 등에도 수출하고 있다.

에스틸과 두산인프라코어의 협력 상생은 많은 사람들의 입에 회자되고 있다. 에스틸은 대우와 1차 벤더로 계약을 시작한 이후, 대우가 두산인프라코어로 바뀌는 과정은 물론, 2010년 스케일의 가격이 오르자, 3년 간 두산중공업과 수의계약을 체결, 대기업과 중소기업의 상생구조를 형성하며 성장해왔고, 우리가 개발한 전기굴삭기를 두산인프라코어 대리점에서 판매하는 등 지속적인 동반성장을 이뤄오고 있다. 현재 두산인프라코어는 중소기업과의 상생을 위해 우수 협력업체를 '리딩 서플라이어(Leading Supplier)'로 지정, 리딩 서플라이어 육성 사업을 본격적으로 추진하고 있으며, 이러한 협력관계는 앞으로도 영원히 지속될 것이다. 얼마 전, 우리 에스틸은 두산인프라코어에서 개최한 '2014 협력사의 날(Suppliers' Day)' 행사에서 최우수협력사로 선정이 되어 최우수상을 수상하기도 했다. 143개 업체, 약 400여 명이 참석한 가운데 진행

두산인프라코어 2014 최우수협력사 선정, 최우수상 수상 후 두산인프라코어 김용성 사장(중앙)과 함께

된 우수협력사들에 대한 시상식에서 우리 에스틸이 상금 1,000만 원과 함께 두산인프라코어 최고 협력사라는 영예를 안은 것이다.

굴지의 기술력으로 정년, 체불, 해고 없는 회사 만들어

나의 회사 경영 모토는 '인본(人本)'이다. 나는 '사람'을 중요시 여긴다. 2012년 9월, 동탑산업훈장 수여식에서 4분간 대통령 앞에서 프레젠테이션을 하면서 나는 자랑스럽게 우리 회사만의 '3무(無) 시스템'에 대해 설명했었다. 우리 회사에는 정년, 체불, 해고, 이렇게 세 가지가 없다.

두산인프라코어 강승천 전무 일행의 에스틸 군산공장 방문 당시

그렇다면, 정년이 되는 사람들은 어떻게 할 것인가? 우리 회사에서는 정년이 되면 업무를 지속하는 대신, 결재권은 없앤다. 정년을 없애면서도 젊은이들의 승진 기회를 보장하기 위해서다. 일정 연령이 되면 임금을 삭감하는 대신 정년은 보장하는 임금피크제는 최종 월급의 80%부터 시작해 월급을 줄여나가는 것이지만, 우리 회사는 임금을 정년까지의 최종 월급으로 동결하고, 대신 이 인력을 활용할 수 있는 신사업을 계속 생각해 왔고, 그 결과 전기굴삭기 사업을 시작했다. 디젤엔진을 떼고, 모터로 전원공급을 하면서 일정한 장소 안에서 작업하는 작업차, 고철장 상하차, 파지, 음식물쓰레기 파쇄장 등에서 기존의 디젤로 연료비를 쓰면 연간 1억 2,000~3,000만 원이 들지만, 전기 굴삭기의 경우는 연간 2,500만 원밖에 연료비가 들지 않는다.

에스틸의 그 다음, 차세대 주력 아이템은 전기골프카이다. 2013년 10월 20일. 미 LPGA 투어 하나·외환 챔피언십에서 우승한 양희영 선수가 탄 골프카가 눈길을 끌었다. 에스틸의 '스페티오'라는 전기골프카였다. 일본제 전기골프카가 판을 치는 시장에서 올해 초부터 박사급 연구원 세 명이 밤을 새워가며 만든 신차가 전 세계로 생중계되는 순간, 내 마음속에서는 뜨거운 눈물이 흘렀다. 정부의 지원도, 외부 투자자금도 없었다. 그저 세계 5대 자동차 강국으로 부상한 우리나라에서 일제보다 우수한 골프카를 만들어보자는 것. 그 목표 하나로 만들어낸 또 한 번의 기적이었다. 현재 전국에 있는 골프장은 일제 야마하나 산요의 골프카를 쓰고 있고, 우리는 기존 일본 제품들과는 차원이 다른 골프카를 만들어냈다.

에스틸의 협력업체 모임인 협우회 회원사 대표자들과 함께

우선 에스틸의 '스페티오'는 세 개의 블록으로 나뉘어져 편하게 앉을 수 있으며, 가운데 의자는 슬라이드로 되어 있다. 헤드라이트를 장착해 야간에도 운행할 수 있고, 통풍구, 윈도우브러시 등이 있으며, 의자에 열선까지 들어가 있어 겨울에도 따뜻하고, 모양도 자동차처럼 생겨 디자인 면에서도 단연 훌륭하다. 뿐만 아니라. 일본 제품은 납축전지를 사용해 골프장 18홀을 돌고 나면 6~7시간 다시 충전을 해야 하기 때문에 하루에 두 번 이상 충전이 필요하고, 골프장 내에 100여 평의 축전지 충전장도 따로 갖추어야 한다. 그러나 '스페티오'는 리튬-인산철 배터리를 사용하기 때문에 한 번 충전으로 48홀을 돌 수 있다. 그러면서 가격도 일본 제품보다 저렴하다. 국가경제자문회의에서 제품

의 우수성에 대해 발표한 결과, 창조경제는 물론, 연간 500여 명 이상의 고용창출이 가능한 좋은 아이템이라는 극찬을 받기도 했다. 국가 소유의 골프장부터 우리 기술로 만든 골프카로 대체해 가격 효율은 물론, 우리 기술의 우수성을 입증할 수 있을 것이라는 것이 나의 생각이다. 이 밖에도 전기골프카의 활용 가능성은 무궁무진하다. 골프카뿐만 아니라 2인용 자동차, 전동 휠체어로도 사용이 가능하고, 화물칸을 부착하면 소방용, 제설용, 투어용 등 다양한 운송수단으로 쓰일 수 있기 때문이다.

나는 나에게 힘을 주는 일이라면 모든 일을 할 수 있다. 나는 오늘도 나의 좌우명을 생각하며 스스로에게 다짐한다. '나는 나에게 힘을 주는 일이라면 어떤 일도 기꺼이 감내하겠다'고 말이다. 에스틸에는 정

송영길 인천시장 방문 모습

년, 체불, 해고 말고 또 하나 없는 것이 있다. 바로 노조다. 정년, 체불, 해고가 없는데 노사가 어디에 필요하겠냐며 활짝 웃는 에스틸의 직원 250명에게 나는 항상 친필로 생일카드를 써서 직접 건넨다. 인천공장은 생일 당일에 직접 주고, 군산공장은 거리가 있어 일주일에 한 번씩 생일카드를 전달한다. 카드에는 축하인사 말고도, 아이의 건강도 묻고, 가정의 행복도 빌고, 직원들이 힘을 낼만한 문구를 고민해서 적어 넣는다. 그렇게 수시로 직원들의 얼굴을 보기 때문에 우리 회사는 사장에서 말단 직원까지 의사가 빨리 전달된다. 5명에서 출발한 직원이 250명 가까이 되도록 내가 계속 실시하고 있는 제도도 있다. 예전부터 지금까지 매달 1일은 직원들이 낸 아이디어 중 아이디어 제안상을 발표하고 시상한다. 한 번도 끊이지 않고 계속된 우리 회사의 제안 제도 때문에 우리는 불황을 이길 수 있었고, 성공할 수 있었다고 나는 믿는다. 기업이 어려울 때 원가를 줄이는 것은 직원들만이 할 수 있는 일이다. '여러분의 직장, 한 평 남짓한 에스틸에서의 여러분의 자리, 그 자리의 주인은 여러분이다' 라고 나는 늘 직원들에게 이야기한다. 그렇게 우리는 두산인프라코어와도, 우리 직원들끼리도, 한번 맺은 인연을 절대 놓지 않고 죽는 날까지 가족임을 잊지 않는 신뢰로 이 자리까지 온 것이다.

나는 얼마 전, 아내의 환갑에 서예전을 열어줬다. 젊은 시절, "우리, 나중에 환갑 되는 해에, 나는 사진작품으로, 당신은 서예작품으로 전시회를 하자. 그러니 희망을 잃지 말고, 우리의 꿈과 여가를 위해서도 끊임없이 노력하자"고 했던 약속을 지키기 위해서였다. 비록 나는 살기 바

아내, 딸, 사위, 손주들과 함께

빠 그렇게 좋아하는 사진 찍기에 몰두하지 못했지만, 나와의 어떤 약속도 평생 지키며 살아주는 아내가 참 고맙다. 아내는 나의 가장 큰 스승이다. 수많은 책을 통해 인생을 배우고, 안병욱 교수의 책들을 통해 도산 안창호를 존경하고 평생 그의 생각에 닮아가려고 노력하고 살고 있지만, 늘 나의 곁에서 내가 가장 나답게 살게 해주는 아내는 나의 가장 지혜롭고, 따스하고, 희생적인 내 인생의 스승이다. 내게 가정의 소중함과 가족이라는 따뜻함을 알게 해준 것도 아내다. 아내의 사랑과 희생 덕에 나는 나의 직원들을 내 가족이라고 생각하기만 한다면, 그것을 직원들이 느끼게만 해준다면, 세상에서 가장 소중하고 따뜻한 회사를 만들 수 있겠구나 하는 깨달음을 얻게 되었다.

이제 에스틸은 100년 기업을 꿈꾼다. 100년 이상 장수하는 기업이 일본에는 5만여 개나 있지만 우리나라는 100년 기업이 고작 10개도 안 된다. 에스틸의 250명 식구들, 또 그들의 식구까지 전부 1,000여 명의 내 가족들을 죽는 날까지 행복하게 일하며 살게 하고 싶은 것이 나의 꿈이다. 그리고 그러한 나의 꿈을 성실하게 이루어나가기 위해 나는 오늘 하루도 더 긍정적이고, 적극적으로, 보다 창조적으로 보내기 위해 노력한다. 그리 하여 나는 보지 못하겠지만, 나의 자녀와 손자들, 우리 직원들의 자녀와 손자들은 100년 기업 에스틸을 자랑스럽게 여기고, 우리가 꿈꿨던 상생의 길, 함께 가는 길을 이어가지 않을까. 생각만으로도 가슴 벅찬 풍경이다.

(주)에스틸
김용석 대표

- 휘문고등학교 졸업
- 흥국생명 영업소장, 효성그룹 연수원 강사 역임
- 신성철강 대표이사 역임
- 백만불 수출의탑 및 무역협회장상, 자원순환선도기업 환경부장관상, 4정6S 공장혁신활동 대상, 히든챔피언 중소기업청장상, 동탑산업훈장수상
- 중소기업청 유망중소기업, 중소기업청 기술혁신형(INNO-BIZ) 중소기업 선정
- 現 (주)에스틸 대표이사/회장, 인천비전기업협회 상임부회장, 동반성장위원회 운영위원

03

하나의 '표준'이 세계를 지배한다

한국기계전기전자시험연구원 최갑홍 원장

"글로벌 스탠더드란 무엇인가?" 정보통신의 발달이 기존의 시간과 공간 개념을 축약시켜 전 세계가 하나의 생활권에 놓이게 되었고, 어떤 나라든 개인이나 기업은 반드시 국제적인 경쟁력을 갖추어야 하는 세상이 되었다. 국산품 애용 운동에 국산차 타기 운동을 하던 것이 엊그제 같고, 외제라면 사탕 하나 껌 하나도 불티나게 팔리던 때도 있었건만 이제 이러한 이야기들은 호랑이 담배 먹던 시절의 얘기가 되고 말았다. 이제 전 세계는 온전히 하나가 되었기 때문이다. 경제, 문화, 법률 등에서 국경이 사라진지 이미 오래다. '세계에서 통용되는 하나의 기준'이 등장하고, 우리는 그러한 글로벌 스탠더드 세상에 살고 있다. 우리가 왜 미국 등 선진국이 주도하는 국제 표준을 따라야 하느냐고 저항할 사람은 이제 아무도 없다. 소용없는 일이라는 것을 알고 있기 때문이다.

IT 분야에서는 코리안 스탠더드가 국제 표준이 되는 코벌라이제이션 현상도 일어나고 있다. 삼성전자의 IT 인프라 중 제품이 팔려나가는 양에 따라 공장의 생산량과 부품의 주

문량을 실시간 자동으로 조절하는 '글로벌 공급관리 시스템'은 재고를 최소화하고 부품 공급 시간을 단축함으로써 혁신적인 원가 절감을 이뤄냈고, 삼성보다 훨씬 역사가 깊은 일본 소니가 삼성전자에 직원을 파견해 이 시스템을 전수받았다. 스위스 국제전기통신연합 총회에서 국제 통신기술 표준으로 채택된 '모바일 와이맥스'는 우리나라의 이동통신 기술인 '와이브로'를 기반으로 한 것이다. 휴대전화 디자인의 경우도 국내 기업인 삼성전자와 LG전자가 글로벌 트렌드를 주도하고 있는데, 지난 1993년 삼성전자가 최초로 선보인 전화걸기 버튼이 문자판의 위쪽에 위치하는 숫자판 디자인은 세계적 표준이 됐다. 세계반도체표준기구인 JEDEC에서도 삼성전자와 하이닉스 등 한국 반도체 기업의 영향력이 커지고 있다. 정부 행정 분야의 IT에서는 인터넷으로 특허 신청의 모든 과정을 처리할 수 있는 '특허넷'이 유럽을 비롯한 일본, 싱가포르 등 세계 40여 개국에 기술을 전수, 세계지적재산권기구로부터 '세계 최고 수준의 특허행정 혁신사례'로 선정되기도 했다.

애플과 삼성의 특허전쟁이 세계적인 핫이슈가 되는 것은 누가 표준을 주도하느냐에 따라 한 나라의 흥망을 가를 만큼 어마어마한 경제적 이익으로 연결되기 때문이다. 이제 국제 표준 전쟁은 IT 분야뿐만 아니라 전 산업 영역, 전 생활 영역으로 확장되고 있다. 산업의 전 분야는 물론이고, 글로벌 금융, 글로벌 대학, 글로벌 디자인, 글로벌 의료, 글로벌 리더십까지, 글로벌이 붙는 모든 분야는 글로벌이라는 단어에 걸맞은 국제 표준을 반드시 따라야 하고, 그 표준을 주도하는 자가 세계 시장에서 승자가 되는 것이다. 지난 30여 년간 정통 기술 관료로서 '글로벌 스탠더드, 국제 표준'에 자신의 모든 역량을 걸어온 사람이 바로 한국기계전자시험연구원 최갑홍 원장이다. 우리나라가 세계 시장, 국제 표준에 대한 개념을 막 정립해나가던 2000년 초부터 미래사회에서 대한민국의 힘은 기술표준에 달려있음을 알고 꾸준히 대비해온 최갑홍 원장의 이야기는 공학을 백그라운드로 하여 국제무대에서 활동할 수 있는 영역을 확장하려는 젊은이들에게 좋은 모델이 될 수 있고, 표준을 전략화하여 세계시장을 압도하려는 기업경영자들에게는 좋은 전략적 나침반이 될 것이다.

한국기계전기전자시험연구원
최갑홍 원장

03

섬개구리 같던 어린 시절

나의 고향은 전라남도 신안군 안좌면의 안좌도라는 섬이다. 목포에서도 1시간 이상 배를 타고 들어가야 하는 인구 3,600명의 작은 섬 안좌도. 그중에서도 우리 마을은 10가구가 채 안 되는 사람들이 사는, 그런 곳이었다. 우리 아이들도 반신반의하며 내 어린 시절의 얘기를 듣곤 하지만, 고향 마을에 전기가 들어온 것이 내가 대학교를 졸업한 후였고, 그 이전까지는 구전동화 속에서나 볼 수 있는 호롱불을 켜고 살았다. '형설지공(螢雪之功)'이란 말이 전혀 낯설지 않은, 마치 타임머신을 타고 거꾸로 시간여행을 떠나야만 갈 수 있는 전설 속에 나오는 듯한 그곳에서 나는 유년기를 보냈다.

바다에 둘러싸인 섬마을이었지만, 우리 마을은 어업이 아니라 농업을 주로 해서 먹고 살았다. 나의 할아버지도 아버지도 척박한 땅의 가난한 농부였다. 1972년 실화를 바탕으로 선풍적인 인기를 끌었던 영화 '섬개구리 만세'의 배경이 내가 다니던 안좌초등학교의 사치분교였다. 낙도 어린이 농구부가 전국소년체전에서 준우승한 실화를 바탕으로 문명을 등진 낙도 소년들의 용기와 기백을 그린 그 영화의 모든 장면은 나의 어린 시절 모습 그대로다. 책상이라는 것이 없어 비료포대 위에

판자를 깔고 엎드려 공부하던 일, 호롱불을 켜놓고 늦게까지 책을 읽다 어머니께 혼나고 나서야 잠이 들던 일들이 어제일 같이 또렷하다.

시골 섬마을엔 책이 귀했다. 그나마 학교에 가야지 읽을 책이 있었고, 집에는 서울에서 형님이 보내주신 책 두 권이 전부였다. 나는 그 두 권의 책을 책장이 너덜너덜해질 때까지 읽고 또 읽었다. 한 권은 「서유기」였고, 한 권은 「출애굽기」였는데, 그 유명한 '반지의 제왕'보다도 수백 년 앞선 중국의 판타지 소설 「서유기」는 어린 시절 내게 꿈과 상상을 심어주기에 충분했다. 삼장법사와 그의 제자인 손오공, 저팔계, 사오정이 불경을 얻기 위해 서역국으로 향하며 겪는 81가지의 어려운 시험을 거치는 과정은 유년시절, 책장이 닳도록 읽고 또 읽은 나의 친구이자 재미있는 놀이이자 꿈의 원천이었다. 「출애굽기」 역시 답답한

고향인 안좌도 전경

섬마을에서 벗어나 더 큰 세상으로 나아가고 싶던 나의 열망을 펼쳐나가기에 충분했다. 히브리 노예들이 모세의 영도와 신의 힘에 의지해 애굽(이집트)을 탈출하는 대이동의 서사시 속에서 가난과 굶주림에 고통받던 노예들에게 신이 보내주신 모세가 보여준 바다를 가르고, 지팡이로 바위를 쳐서 물을 솟구치게 하는 기적들은 어린 나를 열광시키기에 충분했다.

아버지는 내가 초등학교 4학년 되던 해 돌아가셨다. 아버지는 시골에서 농사를 짓는 범부였지만, 할아버지 때부터 글을 읽으셨기 때문에 자식들을 공부시켜야 한다는 생각은 갖고 계셨다. 하지만, 아버지가 돌아가시자 집안 형편은 더 어려워졌다. 당시 우리 섬에서는 아이들을 중학교에 보내지 않는 집이 훨씬 많았다. 어느 집을 막론하고, 아이들은 초등학교에서 한글만 떼고 기본적인 수셈만 할 수 있으면, 초등학교를 졸업하면서는 자연스럽게 집안 농사일을 도와야 했다. 하지만, 초등학교를 우등생으로 졸업한 나는 중학교에 진학할 수 있었다. 스무 살 차이 나는 큰형이 서울에서 고려대학교에 다니셨고, 어머니와 작은 형이 가계 경제를 책임지는 상황에서 똘똘한 셋째는 공부를 시키자는 암묵적 합의가 있었던 듯했다.

바람이 불고 폭풍이 치면 배가 다니지 않아 꼼짝없이 섬 안에 갇혀야 했던 섬사람들에게 육지, 뭍은 동경의 대상이었다. 나는 돈을 많이 벌어 육지로 나가고 싶었다. 아버지는 농사를 짓는 것보다는 여유 있게 살 수 있는 선원이 되기를 바라셨지만, 나는 육지로 가고 싶었고, 열심히 공부하는 것만이 나를 이 섬에서 벗어나 육지로 가게 해 줄 것이라고 굳게 믿고 있었다.

안좌도 출신의 세계적인 화가 수화 김환기 화백의 그림에는 보석 같은 섬 안좌도의 푸른 하늘과 은빛 바다가 고스란히 담겨 있는데, 안좌도에 와본 사람이라면 왜 그가 그렇게 무한한 푸른색을 좋아했는지 알게 된다고 한다. 언젠가 조병화 시인이 김환기 화백에게 왜 그렇게 목이 기냐고 물었더니 그가 이렇게 대답했다고 한다.

"나는 섬사람입니다. 때문에 육지가 항상 그리워 목을 길게 뺐더니 그만 목이 길어지고 말았죠. 어찌나 육지가 그리웠던지 나의 유년시절은 온통 향수였습니다."

나에게도 육지는 그렇게 무한한 동경의 대상이었다. 어머니는 학교를 제대로 다닌 적 없는 분이셨지만, 기억력이 아주 뛰어나셨다. 우리 동네 집집마다 한 집에 서너 명씩 되는 아이들 이름이랑 태어난 날까지 죄다 외우고 계셨고, 다른 집 제삿날까지 꿰뚫고 계셨다. 그래서 동네 사람들이 항상 '우리 시할머니 제사가 언제였더라?, 아랫집 할아버지 돌아가신 날이 언제지?' 하며 자기 집안의 대소사에 대해 우리 어머니께 물으러 오시곤 했다. 어머니를 닮아서 나도 어릴 때부터 기억력 하나는 자신 있었고, 이제 사람들은 어머니에게 그랬던 것처럼 나에게 지난 일에 대해 묻곤 한다.

중학교 때, 학교 선생님 아들 중 공부 잘하는 형이 옆 마을에 살았는데, 우리 집에서 보면 먼발치로 그 집에 불이 켜져 있는 것이 보였다. 나는 매일 밤 그 집에 불이 꺼질 때까지 잠들지 않고 책을 읽었다. 이런 기억도 있다. 중학교 때, 선생님이 영어를 잘하는 사람들은 영어단어를 외우고 사전을 먹어버린다고 지나치듯 하신 말씀을 듣고, 나는 통학길에 들고 다니며 외우던 영어단어장의 단어를 한 페이지씩 외울 때마다 찢어서 씹어 삼켰었다. 얇은 사전 종이도 아니고, 단어장 종이를 어떻게 씹어 먹을 생각을 했느냐고 나중에 누군가 내게 물었지만, 시골 촌놈이 뭘 알겠는가, 선생님이 그렇다고 하시면 그런 건줄 알았으니, 영어단어를 다 외울 욕심에 그렇게 무지한 짓도 했던 것이다.

섬에서 나와 서울로 가다

어쨌든, 내가 중학교 가서도 1등을 놓치지 않자 형들은 나를 서울에 있는 고등학교로 보내기로 하셨고, 나이 차이 많이 나는 형들이 내겐 아버지 역할을 대신 해주셨다. 나는 서울 서대문에 살고 계시던 큰형님 댁에서 고등학교 생활을 시작했다. 형님은 명문인 용산고에 진학하라고 하셨지만, 준비가 안 되어있던 나는 시험에서 낙방하고 집 근처 대신고에 진학했다. 시골 촌놈의 1등이 서울에선 먹히지 않았다. 영어도 어렵고, 수학도 보지도 못했던 문제가 너무 많았다. 나는 잠자는 몇 시간을 제외하고는 하루 종일 도서관에서 살다시피 하며 공부만 했다. 형님이 운영하시던 음식점이 고등학교 2학년 때 문을 닫으면서, 나는 고등학교 3학년 시절을 형님의 친구 집과 이종사촌 누이의 집을 떠돌며 보내야 했는데, 딱히 몸 둘 데 없는 나는 도서관을 집 삼아 더 열심히 공부에 매진했고, 시골 1등이 서울에 와서도 1등을 할 수 있다는 걸 보여주겠다던 나 자신과의 약속을 지킬 수 있었다.

그러나 1등을 했다고 집안 형편이 나아지는 것은 아니었다. 고 3이 되자, 집안에서는 대학 등록금을 대줄 형편이 안 되니, 국비장학생으로 갈 수 있는 부산 해양대를 가라고 하셨다. 하지만, 어릴 때부터 호롱불에 밤늦게까지 책을 보다 시력이 급격히 나빠졌던 나는 신체검사 기준에 미달해 해양대 합격이 불가능한 상황이었다. 수산대학을 갈까도 생각했지만, 기숙사 비용이 만만치 않았다. 그래도 시험이라도 한 번 봐야 하지 않겠느냐며 지원한 연세대학교 전기공학과에 합격했지만, 기뻐할 수만은 없었다.

땅 팔고, 소 팔아서 공부시킨다는 이야기는 나에게 해당되는 얘기였다. 고향의 논을 팔아서 마련한 10만원으로 나는 첫 학기 대학등록금을 냈다. 첫 등록금만 내면 그 다음부터는 어떻게든 장학금을 받아서 다녀야 했다. 고등학교 때도 줄곧 장학금을 받으며 다녔으니, 열심히만 하면 될 일이었다. 1학년 1학기를 3등으로 마친 나는 당연히 2학기 등록금은 장학금을 받아서 낼 생각이었다. 그런데, 장학금이 나오지 않았다. 교수님께 찾아가 항의하였더니, 장학금을 성적대로 그냥 주는 것이 아니라 신청을 한 사람에 한해서 준다는 것이었다. 그렇게 어이없이 촌놈

안좌도에서의 한때

티를 내며 장학금을 놓친 나의 1학년 2학기 등록금을 내기 위해 어머니는 소를 파셨다.

집안 형편이 더 어려워진 나는 1학년을 마치고, 군대를 가려고 했다. 하지만, 차라리 휴학을 하고 학비를 버는 게 낫지 않겠느냐는 형님의 말씀에 나는 학교를 1년 휴학하고, 돈을 벌기 시작했고, 그러면서 나는 졸업을 해서 무엇을 해서 먹고살지에 대해 심각하게 고민하게 되었다. 그러던 중, 형님께서 사법고시처럼 이과에서도 준비할 수 있는 기술고시라는 것이 있으니 한번 준비해보면 어떻겠냐고 하셨고, 나는 형님이 운영하시던 음식점에서 새벽부터 오후까지 설거지도 하고, 배달도 하며 일을 돕고, 저녁에는 아이들 과외를 가르치고, 밤에는 고시 공부를 하며 하루하루를 보냈다. 그때 형님의 식당이 중앙대학교 흑석동 시장에 있었는데, 낮에는 일하고 밤에는 중앙대학교 도서관에서 공부를 하며, 남들보다 더 노력해서 어떻게든 고시에 합격하자고 매일매일 스스로를 달래고, 추스르고, 격려했다. 그 결과, 고시준비의 부산물로 2학년 1학기를 학과에서 1등하여 졸업할 때까지 전액 장학금을 받을 수 있었다.

교회 안에서 지친 영혼을 위로받다

하루는 형님께서 내게 교회를 나가보면 어떻겠냐고 하셨다. 형님 친구 분이 명수대 교회에서 성가대 지휘를 하셨는데, 젊은 청년들이 어울리는 모습을 보시고 일과 공부만 하며 사는 동생이 안쓰럽게 느껴지셨던 것 같다. 그렇게 나는 교회와 인연을 맺게 되었다. 하지만, 처음 가본 교회는 낯설었다. 또래의 청년들이 모여앉아 노래를 부르는데, 그 광경이 내게 너무 낯설게 느껴졌다. 나는 그때까지 노래를 제대로 들어본 적도 없었고, 불러본 적은 더더군다나 없었다. 노래를 부르는 것은 먹고 사는 일과 관계없는 일이었고, 먹고 사는 일과 공부 외에는 아무것도 해본 적이 없는 내게, 그 외의 모든 만남, 즐거움의 자리는 허락되지 않았기 때문이다.

교회를 다니는 것도 마찬가지였다. 내일 먹을 것을 걱정하고, 당장 다음 학기 등록금을 걱정해야 하는 나로서는 교회를 다닌다는 것이 사치처럼 느껴졌다. 단지 그런 생각은 있었다. 연세대학교가 크리스천 학교였기 때문에 채플 시간에 앉아서 총장님과 학장님 같은 유명 박사님들

집무실에서

이 하나님에 대해 이야기하시고, 성경 공부를 하시는 걸 보면 뭔가 배울 만한 것이 있는 것 같고, 종교에 대해 공부하면 이공계 공부만 하던 내게 인문적 소양이 생길 것 같다는 생각은 해본 적이 있었다. 그러나 먹고 살기도 바쁜 내게 그런 여유가 허락될 리 만무해 그저 생각에 그치고 말았었다.

하지만, 그렇게 맺게 된 교회와의 인연은 나의 삶을 송두리째 바꿔놓았다. 나는 하나님의 말씀에서 위로를 받고 용기를 얻기 시작했다. 그냥 버티기 위해 하루하루를 살던 내가 기쁨으로 하루하루를 살게 된 것이다. '가난한 시골 섬마을 출신, 부자들이나 서울 사람들과는 출발점부터 다른 나는 그저 땅만 보고 죽어라 달려야 먹고 살 수 있다'는 생각으로 하루하루를 버티던 나의 삶이, 어린 시절 읽었던 출애굽기처럼, 설렘과 희망, 기쁨으로 채워지기 시작했다. 삶에 찌들고 지친 내 영혼이 하나님 품 안에서 위로와 휴식을 얻었던 것이다.

나조차도 몰랐지만, 나는 그때 많이 힘들어 있었던 것 같다. 1970년대 우리나라 젊은이들은 포크문화에 열광하고 낭만을 이야기했었다. 나도 그 시대를 사는 젊은이였던 것이다. 비록 통기타를 치고, 노래를 부르고, 당구장을 드나들고, 데모를 할 형편은 안 되었지만, 나는 마음의 위로와 평화와 안식을 교회 안에서 그렇게 찾게 되었다.

나의 공부에 대한 열정은 성경을 공부하면서도 제대로 발휘되었다. 나는 하나님의 말씀을 공부할수록 신앙인으로서 확고한 삶의 지침을 얻을 수 있었다. 당장의 목표만 좇느라 삶의 가치나 어떻게 살아야 할 것인가에 대해 깊게 생각해보지 못하고 살았던 나의 삶이 달라지기 시작했다.

'나는 정말 열심히 사는데도 왜 나의 상황은 늘 힘들고 어렵기만 한가' 하는 생각으로 철들면서 내내 막연한 우울감을 안고 살던 나는 나에게 주어진 시련에 감사하기 시작했다. 이 모든 것이, 나를 크게 쓰시기 위해, 나에게 고난을 통한 깊은 깨달음을 얻게 하시기 위해 계획된 것이라고 생각하니, 뭔가 내가 선택된 사람이라는 기분이 들었고, 기쁜 마음으로 신나게 고난을 이겨낼 용기가 마구 샘솟았으며, 더 이상 나 자신이 불쌍하지 않았다.

지금은 장로교신학대학 총장이신 김명룡 박사님이 그때 우리 교회 전도사셨는데, 나는 그분께 처음부터 성경을 제대로 배울 수 있었다. 바울이 쓴 빌립보서 2장 13절에 이런 말씀이 있다.

"너희 안에 행하시는 이는 하나님이시니 자기의 기쁜 뜻을 위하여 너희로 소원을 두고 행하게 하시나니 모든 일을 원망과 시비가 없이 하라." 나는 더 이상 원망도 안타까움도 없었다. 그렇게 스스로에 대한 자신감과 여유가 생기면서 나는 지금의 아내도 만나게 되었다. 아내 역시 신앙이 깊은 사람이라 우리는 하나님의 성가정(聖家庭)을 본받아 아들과 딸을 무엇보다 겸손하고 신망이 두터운 사람으로 키워내기 위해 노력했다. 힘든 일이 있으면 아내와 함께 15일간 철야기도를 하기도 하고, 새벽기도를 하기도 하면서 말씀을 붙잡아 삶의 이정표로 세우고, 그저 말씀대로, 성실하고 겸손한 자세로 살기 위해 함께 노력했고, 그러는 과정 속에서 서로를 더욱 의지하고 사랑하게 되었다.

아내와 함께

깨달음을 얻고 나서, 나는 먹고 살기 위해서, 부자가 되기 위해서가 아니라, 기술고시에 합격해 국가를 위해, 다른 사람들에게 좋은 영향을 주며 살아야겠다는 생각으로 흔들림 없이 기술고시를 준비했고, 대학교 3학년 때 1차, 4학년 때 2차 시험에 합격했다.

국제기구에서 깨달은 세계 기술 표준의 힘

그렇게 산업자원부에서의 20년간의 공직 생활이 시작됐다. 내가 기술직 공무원으로 임용됐을 당시는 기술직 공무원이 본부에서 과장이 되는 것도 힘들었다. 주요 정책은 대부분 행정직 공무원들이 맡아서 하고, 기술직 공무원은 관리 감독을 하는 수준에서 머물렀기 때문이다. 기술의 발전을 위해서는 나부터 계속 공부해야 했다. 대학 때부터 계속 일과 공부를 병행했던 내게 일을 하면서 공부하는 것은 힘든 일이 아니었다. 나는 직장생활을 하면서 연세대학교 대학원에서 전기공학으로 석사학위를 따고, 미국 위스콘신대학원에서 공공정책학으로 석사 학위를 다시 했다. 공업진흥청, 상공부, 정보통신부 등에서 근무하면서 공공정책이나 경영, 행정 등에 대한 공부가 더 필요하다고 생각했기 때문이다. 위스콘신대학에서 공학을 바탕으로 공공정책, 경제·경영학에 대한 체계적인 공부를 하면서 나는 우리나라가 기술 강국이 되기 위해서는 어떠한 정책들이 필요하고, 선진국에서는 어떠한 정책들을 시행하고 있는지 많은 공부를 할 수 있었다.

그러한 지식들을 바탕으로 한국에 돌아와 산업자원부에서 반도체전기과 과장으로 일하면서 나는 많은 정책들이 입안되고 실행되는 과정에서 생기는 문제점들과 우리나라가 앞으로 어떤 점에 치중해야 하는지 많은 생각을 하게 되었다. 특히 1990년대 디지털TV를 시작으로, Electro-21, GSM이동통신, 비메모리반도체 등 국가 대형 연구개발 5개년 계획을 수립·추진하며 산업기술정책에 대한 전문성과 기획력을 높이 인정받았다. 기술표준, 특허, 디자인 등 소프트인프라가 차세대 기술혁신의 원천이라는 소신 아래, 미래 국제패권을 주도하기 위한 기술 발전에 누구보다 많은 관심을 가지고 업무를 해나갔다.

IEC 회장들과 함께

국제기구 참석 당시의 모습

기술의 발전만이 우리나라를 강하게 키워줄 것이라는 일념으로 나는 대한민국 기술 개발을 위해 밤낮을 가리지 않고 일에 매달렸다. 일본이라는 거대한 경쟁자를 앞서가기 위해 전기전자 기술, 반도체 기술을 발전시켜야 했다. 당시만 해도 일본의 기술력이 우리나라보다 20년은 앞섰다는 얘기를 할 정도로 일본은 거대한 이웃나라였다. 1980년대에는 선진국들의 첨단기술 개발경쟁이 치열해지고 기술보호주의가 팽배했었고, 따라서 우리나라도 정부 차원에서 강력한 기술 정책을 내놓아야 했다. 1982년, 대통령이 직접 주재하는 기술진흥확대회의가 개설되었고, 1986년, 과학기술처는 15년 앞을 내다보는 '2000년대를 향한 과학기술발전 장기계획'을 수립·발표하였다. 정부의 적극적인 기술개발 지원제도로 인해 노동집약적 산업구조가 기술집약적 산업구조로 전환되기 시작하였고, 민간부문의 연구개발 투자가 급속히 확대되기 시작했다.

1990년대의 핵심적인 과학기술 정책은 선진국의 원천기술에 의존하는 모방방식에서 벗어나 새로운 기술을 자체적으로 창조해 나간다는 전략의 변환이었다. 세계적인 추세가 지식이나 정보를 중요시하는 디지털화와 정보화라는 패러다임의 변화로 이어지면서 우리 과학기술 정책도 발 빠르게 전환해야 하는 시점이었다. 사회 전반적으로 자율화가 진행되면서 기술개발 방식도 국가주도에서 민간주도로 전환이 이루어졌다. 대신 국가연구사업은 대형화 추세로 발전되었다. 우리의 과학기술, 특히 반도체 분야, 전기전자 분야의 일대 혁신이 일어났다. 그리고 이제 우리나라는 정보통신기술에 있어 세계 1위를 자랑하는 나라가 되었다. 우리의 기업인 삼성은 미국 애플을 상대로 특허경쟁을 벌이고 있으며, 휴대폰 시장에서 일본을 앞지른 지 이미 오래다.

기술정책 전문가에서 표준전도사로

그렇게 우리의 과학기술이 눈부신 발전을 이뤄나가며 새로운 세기를 맞이하던 2000년, 나는 스위스 제네바에 있는 국제표준화기구 ISO에 파견을 나가게 되었다. 그리고 그곳에서 3년 가까이 근무하면서 앞으로는 하나의 기술 표준이 세계의 산업지도를 바꿔놓을 것이라는 사실을 절감하게 되었다. '이제는 기술 개발에만 열을 올려서는 안 된다. 아무리 좋은 기술도 국제 표준이 되지 않으면 소용없는 시대가 곧 도래한다.' 나는 그곳에서 새로운 기술정책의 방향을 보게 되었다.

21세기 새로운 시대에는 기술도 세계적인 교류와 합의 속에 경쟁력을 갖춰야 하고, 우리의 기술이 국제 표준이 되기 위해 여러 나라들과 지속적인 관계를 맺으며 소통의 창구를 확대해 나가야 했다. 나는 제네바에 있으면서 국제전기기술위원회(IEC)의 표준관리이사, 재무이사로 활동하면서 적극적으로 세계 첨단기술과 산업 정책의 흐름을 파악하고, 각국의 뛰어난 전문가들과 교류해 나갔고, 미국품질협회(ASQ), 유럽품질기구(EOQ), 아시아품질네트워크(ANQ), 일본규격협회(JSA), 싱가포르생산성협회(SPA), 중국질량협회(CAQ), WTO/TBT 등 세계의 국제기구와 주요기관을 방문하고 기조강연 및 회의 등을 주도적으로 진행하며 글로벌 교류 협력 확대를 위해 노력했다. 그 기간 동안 '표준'의 정책 도구로서의 활용성에 대해 깊이 절감한 나는 대한민국 과학기술의 근간을 '기술표준'으로 삼고, 우리 기술의 국제 표준화를 위한 일이 나의 소명이라고 생각했다. 기술혁신의 패러다임이 연구과제

한국기계전기전자시험연구원 원장실에서

와 연구설비에서 연구결과를 전략화하는 특허로, 특허를 표준과 접목시켜 표준특허화하는 전략으로 바뀌고 있었다. 과거에는 제품을 상품화하여 팔았다면, 이제는 제품에 특허를 집약해 넣고, 표준으로 시장을 넓혀 세계 시장을 석권해 나가는 것이다.

이미 각국은 표준 전쟁에서 우위를 점하기 위해 치열한 전투를 벌이고 있다. 표준으로 선정된 제품의 경우 시장지배력을 공고히 할 수 있지만, 그렇지 않은 기업들은 제품 표준화 작업을 위해 엄청난 대가를 치러야 하기 때문이다. 관세장벽이 없어지면 기술장벽만 남게 되는데, 세계 무역시장에서 기술장벽의 핵심은 '표준'으로 요약되기 때문이다. 우리나라의 경우, 생산 현장에만 국한되던 '표즌'에 대한 인식이 환경, 윤리, 노동 문제로 확대되고 있으며, 이제 기술직 공무원들은 물론이고, 이공계 학생들, 연구자들도 국제적인 마인드를 가지고, 기술에만 매달릴 것이 아니라 연구 개발에서부터 국제 표준이 될 수 있는 기술을 생각해야 한다.

우리나라의 전자정보통신 기업들이 일본 소니나 파나소닉을 따라 잡을 수 있었던 것도 아날로그시대에서 디지털시대로 전환하면서 기술표준을 일본 기업보다 빠르게 채택했기 때문에 가능했다. 일본 전자업체들은 '64년 동경올림픽 개최 이후 NHK를 중심으로 새로운 TV 방식으로 아날로그 뮤즈방식을 개발하기 시작하여 '86년 아시안게임과 '88서울 올림픽 때에 세계 최초로 HDTV 하이비전을 내놓았다. 우리나라는

1990년 들어와서 HDTV 개발 계획을 수립하여 디지털방식의 TV를 개발하여 기술표준으로 채택함으로써 오늘날 삼성, LG가 세계 전자산업을 선도하게 되었던 것이다.

나는 지난 15년 간 강의와 기고를 통해 표준의 중요성과 그 역할, 혜택에 대하여 알리다 보니 '표준 전도사'라는 별명을 얻게 되었고, 국제 기술 표준의 흐름을 주도하는 단체들과 전문가들과 지속적인 교류를 이어나갔다. 국제표준화기구인 ISO 이사회의 이사를 맡았고, 국제전기기술위원회(IEC) 정책이사로 선출되어 지금까지 일하고 있다. 이밖에 한국인 최초로 미국재료시험협회(ASTM)의 이사로도 활동하고 있으며 미국은 물론, 유럽 국가들, 중국, 일본, 동남아 국가들과 적극적이고 주도적인 만남과 활동을 병행하고 있다. 그 결과, 2005년 국제전기기술위원회(IEC)의 총회를 한국에서 처음으로 개최하게 되었으며, 2015년 국제표준화기구(ISO) 총회, 2018년 국제전기기술위원회(IEC) 총회를 한국에 유치할 수 있게 되었다.

표준전문가로서의 끝은 어디일까? 결국 선한 영향력을 확보할 수 있는 국제표준화기구의 수장이 되는 것이다. 새로운 삶의 지향점은 국제표준화기구의 회장에 도전하는 것이다. 그러기 위해 나는 3년 전부터 매일 20분씩 전화영어, 전화일본어로 영어와 일본어 공부를 하고 있으며, 1주일에 1권의 책읽기와 국제적인 기술 흐름을 놓치지 않기 위해 세계학회에 기고를 하고, 꾸준히 강연자로 발표를 한다. 모두 내가 스스로 자처해서 하는 일들이다. 2018년에 우리나라에서 국제전기기술위원회(IEC) 총회가 열리면 프레지던트에 입후보할 계획이다. 우리나라에서 국제전기기술위원회 회장이 선출된다면 우리나라 기술이 세계 표준이 되는 데에 더 큰 힘이 될 수 있기 때문이다. 국제화 시대의 기술인은 전문성은 물론이고, 국제적인 커뮤니케이션 스킬과 국제적 매너까지 갖추어야 한다고 나는 생각한다. 이제 하나의 기술은 국가라는 장벽을 넘어 세계를 일원화시키고 있고, 그러한 기술만이 살아남을 수 있다. 그러니 그러한 기술을 개발하기 위해서는 과학자와 기술자, 기술 정책가 모두가 국제적인 역량을 반드시 갖추어야 한다.

표준 정책의 양 바퀴인 시험인증 업무의 글로벌화

표준이 제품이나 서비스의 기준을 만드는 것이라면, 이를 평가하여 기준에 적합한지를 확인하는 업무가 시험인증업무이다. 시험인증업무는 제품이나 서비스를 소비자에게 연결하는 핵심도구인 셈이다. 한국기계전기전자시험연구원(KTC)은 기계, 전기, 전자, 신재생에너지, 화학제품, 계량기에 관한 시험인증을 하는 기관이다. 우리 연구원은 '대한민국의 기술 표준은 세계의 기술 표준'이라는 마인드로 우리나라 제품의 기술경쟁력 강화를 위해 다각적인 노력을 펼치고 있다. 단순히 시험인증원의 역할만 하는 것이 아니라 우리가 직접 제품을 개발하기도 하고, 기술인증을 위한 측정기계들도 자체적으로 개발하고 만들어내고 있다. 글로벌 기관이 장악하고 있는 국내 시험인증 시장에서 우리 기관들이

한국기계전기전자시험연구원 입구에서

경쟁력을 확보하기 위해서는 윤리적·과학적 공신력을 기반으로 미래 성장산업을 창출해나가야 한다. 시험인증 산업은 엄격한 공신력을 바탕으로 투철한 서비스 정신을 가져야 할 고도의 지식산업이자 신성장 산업이기 때문이다.

시험인증 서비스 시장은 나날이 커지고 있다. 이런 상황에서 KTC는 한국의 강점인 IT나 전기 분야에 집중해야 하고, 전기전자시험연구기관으로서 기본 역량을 살려 경쟁력을 높여 나가야 한다. 시험인증기관이 갖추어야 할 기본 역량은 핵심인재, 과학적 설비와 공간, 글로벌 네트워크, IT기반의 관리와 제도, 글로벌 사업영역, 사회적 책임이다. 따라서 현재 KTC는 17개국 27개 기관과 시험인증 관련 네트워크를 구축하고 있다. 시험인증 서비스가 하나의 국가 성장의 축으로, 성장 동력 산업으로 자리매김하기 위해서는 네트워크의 확장이 필요하기 때문이다.

엔지니어를 배경으로 국제무대를 향하여

내가 기술고시에 합격하여 기술직 공무원으로 한정해 버렸을 수도 있었지만 주어진 여건에서 새로운 터닝 포인트를 맞아 창조적 변신을 성공적으로 가져 왔다고 생각한다. 표준분야에서 본다면, 국가표준정책을 총괄하는 기술표준원장을 역임하면서 국가 표준정책의 국제화를 지향하였고, 표준을 보급 확산하는 한국표준협회장으로서 표준정책을 산업계와 생활현장에 접목하는 현장에도 있었다. 뿐만 아니라 지금은 표준을 활용하고 이용하는 시험인증 기관장을 맡고 있으니 표준 관련 업무는 모두 거쳤다고 생각한다.

이제 이러한 경력을 배경으로 국제무대를 향하여 나갈 계획이다. "네가 네 하나님 여호와의 말씀을 삼가 듣고 내가 오늘날 네게 명하는 그 모든 명령을 지켜 행하면 네 하나님 여호와께서 너를 세계 모든 민족 위에 뛰어 나게 하실 것이라"는 말씀에 의지하여 내가 맡고 있는 국제전기기술위원회(IEC)의 정책이사와 미국시험재료협회(ASTM) 이사를 거쳐 국제표준화기구의 수장을 향하여 나아가고 있다.

나는 섬마을 소년으로 바다 건너 육지를 꿈꾸던 그때처럼, 아직도 더 넓은 세계를 갈망한다. 우리가 개발한 기술이 세계가 인정한 안전성과 효율성을 겸비해 세계 시장에서 사랑받는 제품이 되어 나라의 부를 축적하고, 더 나아가 우리의 우수한 기술력으로 세계가 개발한 기술들의 안전성과 효율성의 기준을 마련할 수 있는 그날까지, 그리하여 대한민국 과학기술이 세계의 기술 표준이 되는 그날까지 나의 꿈과 꿈을 향한 노력은 계속될 것이다. 끝없는 노력과 열정이 필요하고, 수많은 시행착오와 실패를 경험해야 하겠지만, 나는 두렵지 않다. 내가 쓰임이 있다면, 나를 필요로 하는 곳에서라면, 나는 얼마든지 기쁘게 노력할 수 있는 소명의식을 가지고 있기 때문이다. 꿈을 가지고, 그 꿈을 이루기 위해 끝없이 노력하는 사람으로, 나는 죽는 날까지 그렇게 하늘을 우러러 한 점 부끄럼 없는 삶을 살고 싶다.

한국기계전기전자
시험연구원
최갑홍 원장

- 연세대 전기공학과 졸업, 연세대 대학원 전기공학과 석사, 미국 위스콘신대학원 공공정책학 석사, 성균관대학교 대학원 기술경영학 박사
- 제 13회 기술고등고시 합격
- 산업자원부 산업기술개발과, 반도체전기과 과장 역임
- 국제표준화기구(ISO, 제네바) 파견, 신성장산업연구팀 과장, 대통령비서실 정보과학기술보좌관실 행정관 역임
- 산업자원부 기술표준원 원장, 한국표준협회 회장 역임
- 現 한국기계전기전자시험연구원 원장, 국제전기기술위원회(IEC) 이사, 미국시험재료표준기구(ASTM) 이사

사람이 아니라면 우리가 어떻게 행복할 수 있겠는가.
우리를 진정 행복하게 해주는 것은
돈이나 명예가 아니라 나와 같은 사람들이다.

Part 2

사람 안에서
행복한 사람들

창조경제 책임지는 과학기술 정책의 수장
경기과학기술진흥원 박정택 원장

성공벤처의 모험신화 찾아 떠나는 낭만 리더
(주)피엠그로우 박재홍 대표

시를 사랑하는 마음으로 문화와 예술을 품다
한국문화회관연합회 김승국 부회장

04

창조경제 책임지는
경기과학기술진흥원 박정택 원장
과학기술 정책의 수장

현재 경기도의 과학기술 역량은 우리나라 전체의 45%에 해당한다. 연구원 수와 R&D 비용, 대학과 연구소 등 총체적인 과학기술 역량에 있어 경기도가 대한민국의 절반 가까이를 책임지고 있다는 얘기다. 바이오산업은 70%에 이른다. 경기도가 성공하지 못하면 대한민국이 성공하지 못한다는 사명감으로 우리나라, 그중에서도 경기도의 과학기술 발전 정책을 주도하며 동분서주하는 창조경제의 역군이 바로 경기과학기술진흥원 박정택 원장이다. 평생을 대한민국 과학기술 발전을 위한 정책 개발과 실현에 바치고, 광교테크노밸리에 이어 판교테크노밸리를 성공적으로 안착시키며 경기도를 소프트웨어 산업과 정보통신, 융합, 바이오, 나노 등 첨단산업의 메카로 집중 육성하며 창조경제의 일선에서 고군분투하는 그의 모습에서, 과학기술 강국 대한민국의 미래가 밝음을 확신할 수 있다.

과학기술 정책이라는 개념조차 없던 시대에 과학기술인으로서 과학 행정의 필요성을 절감하고 행정학을 전공했으며, 세계의 과학기술 정책에 누구보다 먼저 눈 떴던 그의 선구안이 이제는 경기도를 대한민국 과학기술의 메카로 만들기 위해 발 빠른 행보를 이어가고 있다.

최근 경기도에는 선진 과학기술 정책을 배우기 위한 외국인들의 발길이 줄을 잇고 있다. 유럽의 부국 독일의 경제 분야 핵심관료들도 경기도를 찾는다. 각국의 관료들은 경기도의 중소기업 육성에 초점을 맞춘 과학기술 정책, 첨단과학기술로 무장된 광교와 판교테크노밸리 등을 둘러보며 한목소리로 경기도의 첨단 IT산업과 중소기업 육성정책에 대해 찬사를 쏟아낸다.

상상력과 창의성이 창조경제를 만들기 위한 원료라면 과학기술 정책은 이를 결과물로 재현해내기 위한 설계도라고 할 수 있으며, 창조경제가 제대로 이루어지기 위해서는 아이디어, 연구개발, 사업화에 이르는 창조 생태계와 과학기술 지식이 얼마나 유기적으로 연동되느냐가 가장 중요하다. 평생을 과학기술 정책 개발에 몸담아 온 박정택 원장이 그리는 대한민국 과학기술의 청사진이 궁금한 이유다.

지식인으로서의 나약함을 극복하기 위해 해병대에 자원하고, 이공계 출신으로서의 행정력 한계를 극복하기 위해 행정학을 공부했으며, 끊임없이 자신을 독려하기 위해 종교인으로서의 삶을 선택한 그는 부족한 점을 끊임없는 자기수련으로 극복해나가는 인내와, 그로 인해 스스로의 한계치를 계속해서 경신해나가는 용기와 집념을 가졌다. 그런 그가 우리나라를 명실공이 세계 최고의 과학기술 강국으로 만들기 위해 앞으로는 어떤 행보를 보일지, 그의 일거수일투족에 우리는 물론 세계인들이 주목하는 이유를 알 것 같다.

경기과학기술진흥원
박정택 원장

04

공부재미에 눈 뜬 공부 잘하는 아이

나는 경북 영덕의 작은 시골마을 화수동에서 6남매 중 다섯째로 태어났다. 아버지는 농사를 지으셨는데, 머리가 명석하고 부지런하셨다. 같은 농사를 지으면서도 아버지는 이렇게 저렇게 머리를 굴려 좀 더 수확을 많이 할 수 있는 방법을 찾아내셨고, 소를 키우면서도 그냥 농사에 필요해서 한두 마리 키우는 것이 아니라 우시장에 가서 소들을 사다가 잘 먹이고, 다듬어서 이윤을 남기고 되파는, 부지런하고 이재에 밝은 분이셨다.

당시 여자는 공부를 시키지 않아 학교를 제대로 다니지는 못하셨지만, 어머니 역시 경건하시고 자상한 분이셨다. 어머니는 16살에 일본으로 건너가 공부를 해서 성공한 사업가가 되신 외삼촌 덕에 자식들을 공부시키고 출세시켜야 한다는 생각을 갖고 계신, 당시 시골에서는 보기 드물게 깨어있는 어머니셨다. 내가 어릴 적에는 영덕군 전체에서 대학에 간 사람이 거의 없었을 정도로 대학 공부까지 시키는 집이 별로 없었지만, 어머니의 교육열 때문에 큰형도 경북대 법대에 진학했고, ROTC 1기생으로, 사법고시도 준비했었다.

평범하고 철없던 나는 영덕중학교에 들어갈 당시 우리 학년 전체 37

등으로 입학했었다. 그런데 어느 날, 군복무를 마치고 집에 내려와 있던 큰형이 내가 중학교 입학해서 처음으로 보는 월말고사를 앞두고 초저녁부터 엎드려 자는 걸 보고 갑자기 뺨을 때리며 불같이 화를 내셨다. "시험을 코앞에 두고 잠이 오느냐!" 그렇게 나는 혼이 났고, 그 일로 큰 충격을 받았다. 아무 생각 없이 벌판을 뛰어놀고 친구들과 어울리는 재미에 학교에 다니던 나는, 내가 뭔가 커다란 잘못을 하고 있다는 것을 깨달았다. 어린 마음에도 내가 한심하게 느껴졌다. 나는 그날로 열심히 공부를 하기 시작했고, 3월 월말고사에서 우리 반 1등을 했다. 조회시간에 전교생 앞에 나아가 월말고사 1등상을 받으니 선생님들도, 친구들도 나를 달리보기 시작했고, 그렇게 나는 공부 잘하는 아이가 되었다.

나는 영어공부를 특히 열심히 했다. 중학교 2학년 때 김대명 선생님이 영어를 담당하셨는데, 경북사대를 갓 졸업하신 선생님은 열정을 가지고 정말 재미있게 가르쳐주셨다. 영어를 열심히 공부하는 것이 나를 넓은 세상으로 데려다줄 비행기 탑승권마냥 생각되었던 나는 학교 오가는 길에도, 소에게 꼴을 먹이러 가서도 영어단어장을 손에서 놓지 않았고, 2,400단어가 3,800단어가 되고, 8,000단어가 되다가 중학교 졸업할 즈음엔 콘사이스 영어사전 한권에 있는 단어를 모조리 달달 외우게 되었다.

당시 영덕중학교 옆에 변전소가 있었는데, 어머니는 "변전소 직원은

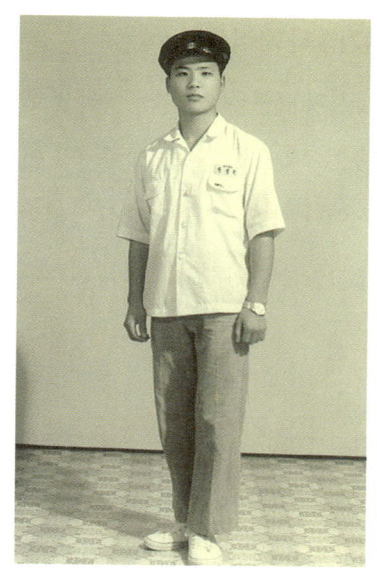 

학창시절

돈을 무지 번단다. 저 사람들은 우리가 1년 농사지어 번 돈을 한 달 월급으로 받는다"고 하시며 내가 그런 사람이 되길 바라셨다. 아랫마을 아주머니 중에 아들이 공고를 나와서 한전에 취직해 다니는 이가 있었는데, 우리 어머니는 물론 마을 사람 모두가 그 집을 무척 부러워했다. "저런 나라 일을 하는 사람들은 똑똑하고 돈도 많이 번다더라." 나는 별 고민 없이 대구공고 전기과에 입학했다. 당시 대구공고에는 머리 좋은 아이들이 많았다. 대구공고를 졸업하면 좋은 취직자리는 맡아놓은 것이나 다름없었기 때문에 대구·경북 전체에서 공부를 잘하지만 가정 형편이 넉넉지 못한 아이들은 거의 대구공고로 왔다.

생애 최초의 합격을 안겨준 전기주임기술자 자격시험

나는 고등학교에 진학해서도 밤을 새다시피 공부하며 무조건 1등을 했다. 공고라 현장실습 등 실습과목도 많았는데, 1등자리를 내주기가 어찌나 싫었던지 모른다. 실습과목은 수학이나 영어공부보다 자신이 없어 어쩔 수 없더라도 영어와 수학은 무조건 1등을 해야겠다고 마음먹고 그렇게 했다.

어머니의 꿈을 이뤄드리기 위해 두 번도 고민하지 않고 결정한 고등학교였고, 나는 2학년에 올라가면서 당연히 진학반이 아니라 취업반에 들어갔다. 형들 공부시키기도 버거운데 우리 집에서 나까지는 대학에 보낼 형편이 안 되었기 때문이다. 그 즈음, 나는 전기주임기술자 자격시험에 대해 알게 되었다. 사법시험만큼은 아니지만 꽤 어려운 시험이라 합격자는 신문에 크게 나고, 그 자격증만 있으면 기술노동자가 아니라 관리·감독직으로 편하게 돈을 많이 벌 수 있다고 했다. 그런데 2학년 1학기를 마칠 즈음, 고민이 되기 시작했다. 대학에 가서 더 넓은 세상을 보고 싶다는 꿈을 꾸기 시작한 것이다. 그러나 대학을 간다면 내가 돈을 벌어 가는 수밖에 없었다.

나는 2학년 말부터 자격증 공부를 시작했다. 서울에 있는 큰누나에게 편지를 써서 두꺼운 전기주임기술자 자격시험 문제지를 사달라고 부탁했고, 그 책을 가지고 죽어라 공부했다. 그리고 3학년 8월, 나는 전기주임기술자 자격시험에 합격했다. 우리 학교에서 합격자는 나 혼자뿐이었고, 이공계 대학생들도 많이 떨어지는 시험이었다. 전국의 400명 합격자 중 고등학생은 몇 명 되지 않았다. 나는 그날 이후로 예비고사 준비에 본격적으로 돌입했다. 11월 예비고사 점수가 잘 나온 나는 서울대학교 공대와 한양대학교 공대에 지원을 했다. 서울대학교 면접 당시 담당 교수님께서는 전기주임기술자 자격시험에 합격한 나를 보고 깜짝 놀라시며, 본고사에서 수학만 잘 보면 무조건 합격일 거라고 격려해주셨다. 하지만, 나는 서울대학교 본고사에서 떨어지고, 한양대학교 공과대학에 입학하게 되었다.

중·고등학교 시절, 우리나라는 과학입국, 기술입국을 부르짖으며 대통령의 강한 의지로 국가 차원에서 이공계 우수 인재를 양성하고 있었다. 전공을 살려 기술관리자가 되든 기술행정을 담당하는 기술공무원이 되든, 취업도 잘 되는 편이라 큰 걱정은 없었다. 나는 공대생이었지만, 다양한 사상서나 철학서들을 읽는 걸 좋아했다. 책 세일즈를 하는 친구의 부탁으로 월부로 구입한 대양서적의 세계사상전집을 늘 곁에 두고 탐독했고, 동아일보사가 1931년 창간한 시사잡지 '신동아'를 빼놓지 않고 열심히 읽었다. 그 즈음에 신동아에 실린 유고슬라비아의 과학자 스테판 데디엘이 '후진국의 경우, 국가원수의 과학 이해 능력이 국가의 위상을 좌우한다'는 칼럼을 읽고, 그런 국가원수를 뒷받침해 과학기술 정책을 결정하고 주도하는 관리자가 되고 싶다는 생각을 가지게 되었다. 그러나 당시 기술고시는 많이 뽑지도 않았고, 매해 치러지는 것도 아니었다. 3학년 때 시험공고를 보고 바로 시험을 쳤지만 떨어지고, 제대로 준비를 해서 4학년 때 본 시험에서 합격했다.

한양대학교 시절 친구들과 함께(우측에서 두번째)

12월에 최종 합격자 발표가 나고, 나는 서울대학교 행정대학원에 바로 응시했다. 과학기술 정책가가 되려면 반드시 행정학을 알아야 한다고 생각했기 때문이다. 필기시험에 합격한 후 치러진 면접에서 당시 면접관이었던 박동서 교수님이 "어떻게 여기까지 왔느냐?"고 내게 물으셨다. 교수님은 시골에서 공고를 나와, 기술고시를 보고, 어떻게 행정대학원을 올 생각을 했느냐며 놀라워 하셨다.

기획과 행정력을 겸비한 과학기술 정책가를 목표로

장차 우리나라는 과학기술 사회로 갈 것이기 때문에 나는 기획과 행정을 아는 정책전문가가 되어야겠다는 확고한 목표를 세우고 열심히 공부했다. 대학을 다니면서부터 누나 집에서 신세를 졌는데, 아침이면 누나가 싸주는 도시락 두 개를 들고 학교 도서관에 가서 하루 종일 공부만 했다.

아버지와 어머니에 대해서는 하나씩의 단상이 있다. 아버지는 평생 일만 하셨다. 중학생 때였던가. 하루는 방과 후 해질녘 신작로 건너 경사진 밭둑에서 땀 흘리며 잡초를 베고 있는 아버지의 모습을 보았는데 그게 그렇게 가슴이 아플 수가 없었던 기억이다. 저렇게 고생하시는 아버지를 위해 나는 무엇을 해야 하나 목이 메던 그 장면이 잊히지가 않는다. 어머니에 대해서는 더 거슬러 초등학교 3~4학년 즈음의 기억 하나가 선명하다. 새 학년을 맞아 처음 가는 학교 소집일 날, 어머니가 내게 고운 모시옷을 입혀주셨는데, 학교에서 아이들과 시비가 붙어 싸우다가 옷이 다 뜯겨버렸었다. 학교가 끝나고, 장을 보러 읍내에 오셨던 어머니를 학교 앞에서 만난 나는 엉엉 울기 시작했고, 어머니는 그런 나를 말없이 꼭 안아주셨다. 그때 느꼈던 어머니의 따뜻한 품, 어머니께 대한 죄송함이 오래도록 기억에 남는다. 내게는 한 번도 그런 표현 안

하셨지만, 아버지와 어머니는 초등학교 때만 해도 평범했던 내가 중학교에 들어가면서 공부를 잘하자 다른 사람들과 만날 때면 '정택이 저 놈은 뭐가 되도 크게 될 거다' 라며 은근히 자랑을 하시곤 했다. 고생하시는 부모님, 날 믿어주시는 부모님을 위해 내가 할 수 있는 일은 그저 열심히 공부하는 것밖에 없었다.

중학교에 입학해 큰형에게 크게 혼나던 그날 이후, 나는 열심히 공부만 했고, 공부에는 어느 정도 자신이 있었지만, 대학에 들어가니 책만 붙들고 앉아 공부만 하는 나 자신이 스스로 나약하게 느껴졌다. 스스로 목표를 세우고 그걸 위해 혼자 열심히 공부하는 건 자신 있었지만, 남들 앞에서는 여전히 소극적이고, 소심했다. 그런 나의 문약함을 극복하고 싶어 나는 해병대에 지원했다.

나약함을 극복하기 위해 선택했던 해병대

사실 해병대가 어떤 곳인지 잘 모르는 상태에서 그저 나의 나약함을 극복하고 강인해져야겠다는 마음만으로 지원한 것이나 마찬가지였다. 그리고 해병대 62기(해군사관후보생 68기)로 입대한 나는 훈련을 받으면서 정말 죽을 뻔했다. 입대 다음날부터 시작된 혹독하고 공포스러운 훈련 때문에 정신을 못 차릴 지경이었다. 탈영하고 싶은 마음까지 들었다. 해병대에는 체육과 출신 학생들이 많았고, 그런 학생들은 견딜 만한 것 같이 보였지만, 나는 4개월간의 훈련기간 동안 처음 무섭게 맞아

봤고, 이러다 죽는 게 아닌가 하는 극한의 고통을 수시로 느꼈으며, 그럼에도 불구하고 버텨냈다.

그렇게 4개월의 훈련이 끝나고 주어진 휴가. 해병대 팔각모를 쓰자 의기가 충천했고, 이 세상에 두려울 것이 없을 것 같은 자신감으로 충만했다. 공부를 하고 시험에 합격해서는 느낄 수 없던 또 다른 기분의 자신감이었다. '용기와 결단력, 야성이 부족하니 해병대를 가자'고 마음먹었던 단순한 생각에서 저지른 일이었는데, 훈련을 받고나니 내게는

해병대 시절

영원히 부족할 것만 같던 용기와 결단력, 내 안에 숨어있던 야성이 만들어지고 살아났다. 나는 소대장으로서 대원들을 보살피고, 함께 뛰며, 통솔하는 일이 적성에 맞았다. 그때까지 접해보지 못했던, 책에서 배우지 못했던 전투력, 지휘력, 통솔력을 배우면서 리더로서의 자질을 갖춰나가기 시작했다. 해병대 정신은 희생정신에서 나오는 막강한 파워와 진정으로 정의와 자유를 수호하겠다는 마음이다. 내게는 해병대 지원이 인생의 중요한 터닝 포인트였던 것 같다. 스스로의 부족함을 극복하

. 해병대 시절, 소대원들과 함께

고자 했던 나의 작은 의지는 나의 시야를 넓혀주었고, 내 인생의 외연을 확대해주었다.

제대를 하고 나는 전매청 시설국 사무관으로 발령을 받았다. 전매청은 엄청난 예산을 가진 막강 부서였다. 당시 전매수익금이 국가재정의 약 10%를 차지하였다. 그곳에서 나는 시설계획국 계획계장을 거쳐 과학기술처로 발령을 받았다. 과학기술처에 가니 만나는 사람들이 대부분 이공계 박사들이었다. 나는 과학기술처에 근무하던 중 더 공부해야겠다는 생각으로 1년 반 동안 영국 서섹스대학에서 과학기술정책을 공부하여 석사논문을 썼다.

혁신이론들에 대해 배우는 것이 마냥 새로웠고, 어릴 적부터 영어를 좋아해 영어로 공부하는 것이 힘들지는 않았지만, 과학기술 분야를 행정에 접목한다는 것이 쉽지 않았다. 나는 관련 책들을 닥치는 대로 읽었다. 밤 10시가 되어 학교가 문을 닫으면 관리인에게 부탁해 빈 강의실에 들어가 매일 밤을 새워 책을 읽고 에세이를 썼다. 당시 유학을 와있던 이내주 육사교수와 둘이서 그렇게 빈 강의실에서 새벽까지 공부를 하던 기억이 지금도 어제일 같다.

나는 과학기술처의 원자력개발과와 정책과를 모두 거쳤는데, 당시 원자력연구소의 뛰어난 연구원들과 역대 대통령들의 원자력 개발 자립 의지가 아니었다면 오늘날 우리나라가 에너지 강국으로 자리매김할 수 없었을 것이라고 생각한다. 부존자원이 부족한 우리나라가 에너지 자립을 하려면 자원집약형 에너지보다는 기술집약형 에너지 개발이 더 중요하다는 것이 나의 평소 지론이다. 내가 원자력정책과에 있을 때 당시 김성진 장관으로부터 쪽지 하나를 받아든 원자력개발과장은 대통령의 재가로 원자력기술개발 중장기대책을 마련하라는 지시가 떨어졌다며 내게 같이 일해보자고 했다. 미국이 핵무기 개발로 의심할 수 있으니 모든 일은 극비리에 진행되어야 했다.

원자력 전문가로서 해낸 일들과 일일과학기술정책정보

우선 연구개발비를 조달해야 하는데, 일반회계는 다 노출이 되니 특별

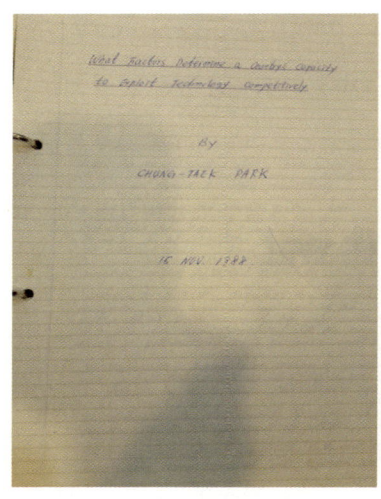
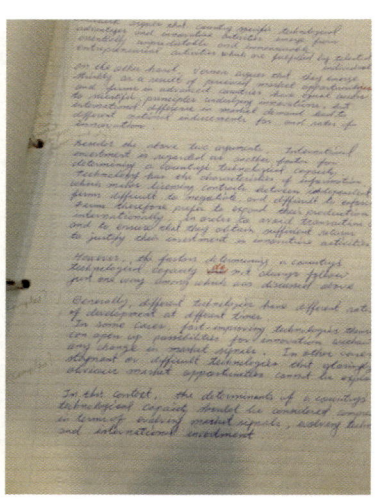

영국 서섹스대학 석사 시절 쓴 에세이

기금을 설치하자는 것으로 의견이 모아졌다. 연구를 하는데 연구비가 필요하다는 개념도 없던 시절이었다. 그렇게 해서 3년 6개월에 걸친 작업이 시작되었다. 특별기금의 조성, 목적, 관리, 금액, 연차계획, 재원조달에 이르는 모든 사항을 점검하고, 법조문화하기 전에 원자력연구소의 전문가들과 함께 오랜 기간 회의와 토론을 거쳐, 마침내 방사성 폐기물기금(후에 원자력기금으로 명칭이 변경됨)이 설치되었다.

1980년대 정부는 과학입국을 부르짖었지만 실제 과학기술의 연구 기반은 열악했다. 연구원들을 뽑아놓고 책상에 앉아 알아서 연구하라는 식이었다. 지금은 특정연구개발사업비가 17조 원을 훨씬 웃돌지만, 당시는 정부예산에 연구비라는 독립된 항목조차 없었다. 후에 과기처 차관을 지낸 조경목 과학기술심의실장이 당시 경제기획원 예산실장에게 연구비가 무엇이고, 필요성이 무엇인지 얘기해 처음으로 연구개발비 200억 원을 예산 편성했고, 오늘날 18조 원에 달하는 특정연구개발사업비는 그렇게 시작되었다.

1982년부터 우리나라는 대통령 주재의 수출진흥확대회의의 명칭을 기술진흥확대회로 변경하여 실시하였고, 나는 원자력정책과에 오기 전, 정보산업과에서 그 회의를 준비하는 일을 맡았었다. 회의를 통해 당시 이정오 과기처 장관은 1984년을 정보산업의 해로 선포했다. 이전까지는 정보산업이라는 말을 쓰는 것조차 조심스러웠지만, 이 회의를 통해 연구개발 자금이 확대되고, 연구원의 사회적 지위가 향상되었으며, G7

프로젝트 등 다양한 과학기술 정책이 쏟아져 나왔다.

원자력개발과장으로 근무하다 내가 간 곳은 기술조사과였다. 기술정보가 중요하다는 김진현 장관의 판단 아래 신설된 부서로, 김 장관은 나를 따로 불러 특히 일본의 과학기술을 따라잡기 위해 역량을 집중해야 한다고 주문했다. 나는 매일 아침, 장관에게 세계의 과학기술 동향을 보고하는 임무를 맡았다. 지금은 인터넷도 있고, 정보원도 많지만, 당시로서는 어떻게 정보를 얻어야 할지 막막한 일이었다. 일본 니혼게이자이신문은 기자만 2,000~3,000명에 달하며 50페이지에 달하는 방대한 양의 일간지였다. 나는 밤을 새워 매일 그 신문을 번역했다. 내가 일어를 할 줄 알았느냐하면 전혀 아니었다. 하지만, 닥친 일이니 해내야 했다. 한자와 일어사전을 동원하며 나는 매일 그 작업을 했다. 그리고 세계 각국의 주요 연구기관, 주재관, 과학관 등에 요청해 각국의 정보를 더해 나는 '일일과학기술정책정보' 라는 제목으로 2년간 매일 장관에게 세계 과학기술 정책동향을 보고했다. 더 나아가, 범위를 확대해 정부 출연연구기관들을 중심으로 기술정책보고대회가 장관 주재로 매월 개최되었고, 세계 과학기술 동향분석 시스템을 점차 체계화시키는 과정을 거쳐 오늘날 KISTI의 연구정보개발센터가 만들어지게 되었다.

나는 그 후 영국 원자력발전공사의 정책자문관으로 파견되어 2년간 근무하면서, 그때까지 우리에겐 생소하기만 했던 영국의 원자력민영화 작업에 참여했다. 그리고 영국에 있는 동안 「원자력의 정치경제학」이라는 책을 번역했다. 그 책의 저자였던 테렌스 프라이스 박사는 영국 국방성 차관까지 지냈던 분으로, 2차 대전 당시 하웰연구소에서 '맨해튼 프로젝트'를 주도했던 분이다.

맨해튼 프로젝트는 독일이 원자폭탄을 먼저 개발할 것을 우려한 아인슈타인이 1939년 8월, 미국 과학자 질라드와 위그너의 권유로 당시 프랭클린 루즈벨트 미국 대통령에게 보낸 개발 촉구 편지가 발단이 된 것으로, 루즈벨트 대통령의 지시 아래 1942년 9월, 로스알라모스국립연구소 오펜하이머와 시카고 대학의 엔리코 페르미를 중심으로 원폭개발을 위한 연구실과 실험실, 제조시설이 건설됐으며 1943년에는 영국 리버풀대학의 핵물리학연구소장 조셉 롯블랫 박사팀도 합류했다. 그리고 1945년 7월 16일 오전 5시 30분, 미국 뉴멕시코주 앨러모고도 북쪽 사막에서 원자폭탄 발사 실험이 성공하게 된다. 이는 미국 정부가 2차 대전 중 비밀리에 추진한 암호명 '맨해튼 프로젝트'의 결실이었다.

그 책을 번역하는 과정에서 나는 프라이스 박사와 메일을 주고받으며 자문을 구했고, 박사님은 우리 가족을 초대해 극진하게 대접해주기까지 하셨다. 당시 프라이스 박사는 70세가 넘는 고령이셨는데, 오르간을 무척 잘 치셨다. 그런데도 자신은 매주 오르간 레슨을 받는다고 하셨다. 나는 깜짝 놀라 왜 그러시는 거냐고 물었다. 그리고 하루하루 조금씩이라도 진보되는 과정을 즐기기 때문이라는 박사님의 말씀에 깊은 감명을 받았었다. 매일 매일의 삶에 충실한 과학자의 자세가 매우 존경스럽고, 본받고 싶은 생각이 들었다. 내가 요즘도 매일 성경을 읽고, 성경 구절을 암송하는 것은 어쩌면 그때 그에게서 받은 영향 때문인지 모른다. 매일, 매순간 충실한 삶, 그런 성실한 자세야말로 보람된 삶의 열매를 얻을 수 있고, 만족감을 가져다주는 것이다.

다시 한국으로 돌아온 나는 원자력안전과장 등을 거쳐 국장이 되었고, 국립과학관 전시연구센터 소장으로 임명되어 대덕에서 근무하다 2006년, 주 오스트리아 한국대사관 겸 빈 국제기구 대표부 공사참사관으로 파견되어 비엔나 대사관에서 3년을 보냈다. 그 때 큰 사건이 일어났다. 내가 오스트리아에 도착한 지 3개월 쯤 지났을 무렵, 북한이 핵실험을 감행한 것이다. 정부에서는 IAEA에 가서 빨리 동향을 파악해 보고하라는 지시가 내려왔다. 내가 있는 동안 두 차례의 핵실험이 있었고, 원자력연구소 핵물질 유출 사고도 일어났다.

난감한 일이 계속되었다. 당시 IAEA 안전조치국은 우리나라에 통합안전조치(Integrated Safeguards) 승인을 내려주기로 했었는데, 불미스러운 일이 자꾸 일어나자 입장을 철회하겠다는 의사를 전달해왔다. 통합안전조치란, NPT 당사국은 IAEA의 핵사찰을 의무적으로 받게 되어 있는데 원자력 활동의 투명성과 국제적 신뢰성이 높은 국가에 대해서는 IAEA 핵사찰을 국내 핵사찰로 일부 가름할 수 있도록 하는 일종의 특별 신뢰조치이다. 나는 승인을 받아내기 위해 매일같이 담당자들을 만나 설득했고, 그렇게 해명하는 데에만도 몇 달이 걸렸다. 그 과정에서 나는 정책담당자나 행정실무자가 관련 기술에 대해 얼마나 잘 알고 있는지가 참 중요하다는 것을 깨달았다. 공학도로서 이론적으로 원자력의 속성이나 에너지화 과정 등에 대해 정확히 알고 있지 않았다면 해결하기 어려운 상황이었다.

가정을 이끄는 목자의 마음으로 과학기술 정책을 보살피다

아내와는 해병대를 제대하고 나서 이종누님의 소개로 만났는데, 피아노를 전공한 아내는 신앙이 깊은 교회반주자였다. 그때까지 종교가 딱히 없던 나는 불교신자였던 어머니가 돌아가시고 난 후, 아내의 오랜 설득 끝에 교회에 나가게 되었다. 사상서적을 통해 젊을 때부터 기독교에 대해 책으로만 배웠던 나는 교회에 나가면서 성경의 말씀을 통해 하나님을 알게 되었고, 신앙생활 속에서 기독교의 진리인 사랑을 실천하는 훌륭한 분들을 많이 만나게 되었다. 지금도 교회로 인도하여 하나님을 알게 해준 아내에게 감사하게 생각한다. 우리 아이들도 많은 분들의 사랑 속에서 잘 자라주었고, 딸아이는 비엔나에서 대학을 졸업하고, 지금 한국국제교류재단에서 근무하고 있고, 아들은 로스쿨에 다니고 있다.

아이들은 늘 기도하고, 책을 읽고 공부하는 아버지를 보고, 자신들도 책을 가까이 하고 주어진 일을 성실히 해나가는 법을 깨닫는 것 같았고, 신앙생활을 통해 주변 사람들에게 사랑을 나눌 줄 아는 어른으로 성장해가고 있다. 해병대 소대장 시절, 나는 매일 부대원들에게 시를 한 편씩 읽어주었다. 귀신도 때려잡는다는 해병대라지만, 그럴수록

가족들과 함께

감성적인 부분도 어루만져줄 수 있어야 한다는 생각 때문이기도 했고, 내가 워낙 시를 좋아해서이기도 했다. 나는 공학도이지만, 인문학 서적을 탐독했었고, 그런 밑바탕 때문에 서슴지 않고 행정학 공부를 할 수 있었고, 행정고시 출신 관료들과 일하면서도 과학기술 정책가로서의 역량을 어느 정도 발휘할 수 있었다고 생각한다. 어느 한쪽으로 치우치지 않는 보편타당한 이해력이 밑받침되어야만 많은 사람들과 의견을 나누고, 합의를 도출하는 소통의 장에서 주어진 일들을 주도적으로 처리해나갈 수 있다고 믿는다.

평생을 과학기술 정책가로 살아온 나는 우리나라의 과학기술 발전을 위해 과학기술인들의 역량을 강화하고 활동 반경을 넓히는 일에 힘써

왔다. 지금까지 내가 열정을 잃지 않고 끊임없이 노력할 수 있었던 것은 나라에 대한, 과학기술에 대한 사랑과 소명의식 때문이었다고 생각한다. 그리고 그러한 마음은 한 가정을 이끄는 가장으로서나, 목장교회를 인도하는 목자로서나, 부대원들을 이끄는 소대장으로서나, 지금 경기과학기술진흥원의 수장으로서나 한결같은 것이라 생각한다.

한국으로 다시 돌아와 과학기술정책연구원 연구위원과 한국연구재단 감사를 거쳐 이곳 경기과학기술진흥원으로 오면서 나는 많은 생각을 했다. 내가 지금껏 그래왔던 것처럼, 이제 경기도의 과학기술 발전을 위해 더 노력하고, 더 큰 열정과 책임감으로 이곳을 새로운 대한민국 과학발전의 전진기지로 삼아야겠다는 굳은 다짐을 했다. 실제로 이곳은 내가 평생을 근무했던 과학기술처의 축소판 같다. 대한민국 전체에서 경기도로 범위만 달라졌을 뿐이지, 이 안에서 모든 과학기술 정책이 연구 개발되고, 시행되며, 그 모든 일들이 유기적으로 이루어져야 큰 효과를 가져올 수 있다는 사실은 똑같기 때문이다.

광교테크노밸리에 이어 판교테크노밸리도 큰 성공을 거두어, 현재 판교테크노밸리에 입주한 기업 중 90%가 자체 연구소를 가지고 있는 첨단기업들이며, 2015년이면 약 1,000여 개의 첨단기업이 판교테크노밸리에 입주하게 될 예정이다. 판교테크노밸리는 이미 목표를 초과달성하고 있다. 입주기업도 황금비율을 자랑한다. 대기업 20%, 중견기업 30%, 중소기업 50%로 구성되어 있기 때문이다. 2013년, 판교테크노밸리는 17조원의 매출을 기록했고, 10년 후면 300조 원 매출이 가능할 것으로 내다보고 있다. 판교는 앞으로도 창조경제의 전진기지로서, 정보통신산업의 세계적 허브를 만들겠다는 것이 나의 청사진이다.

경기과학기술진흥원은 지자체로서는 유일하게 자체 연구개발 사업을 하고 있는 것으로도 잘 알려져 있다. 모든 것이 2000년대 초, 부동산이 호황일 때 경기도가 먼 미래를 내다보고 과학기술에 투자하기 위해 부지를 매입하고, 오랫동안 과학기술 인프라를 구축해왔기 때문에 가능한 일이다. 경기과학기술진흥원은 차별화되고 집약적인 중소기업 육성 정책으로도 호평을 받고 있다. 나는 수시로 경기도 전역의 중소기업들을 방문한다. 중소기업 현장을 직접 찾아가 애로사항을 듣고, 정책이 현장에까지 잘 전달되고 실행되고 있는지 수시로 점검하는, 발로 뛰는 행정만이 정책의 성공을 견인할 수 있다는 것을 누구보다 잘 알고 있기 때문이다.

나는 일을 겁내지 않는다. 일이 아무리 많아도 두려워하지 않으며, 그 일들을 수행해냄으로써 자아를 실현해가는 것이라고 나는 굳게 믿는다. 우리 직원들에게도 항상 일이 많은 것을 다행이라고, 잘된 일이라 생각하라고 주문한다. 우리가 할 일이 많다는 것은 대한민국이 세계 최고의 과학기술 강국이 될 가능성을 더 많이 가지게 된다는 것을 의미하기 때문이다. 나는 앞으로도 인간에 대한 깊은 사랑을 바탕으로, 더 성실한 자세로, 더욱 겸허한 마음으로 내게 주어진 사명에 최선을 다할

서울대학교 감사인 과정 수료식날, 아내와 아들, 딸과 함께

것이다.

규칙성과 성실성의 표본이자 「순수이성비판」에 빛나는 세계적인 사상가 칸트의 묘비에는 이런 글귀가 적혀 있다.

> 생각하면 생각할수록
> 점점 더 커지는 놀라움과
> 두려움에 휩싸이게 하는
> 두 가지가 있다
> 밤하늘에 빛나는 별과
> 내 마음속의 도덕률이 그것이다.

그가 가장 중요하게 여겼던 숭고한 감정과 도덕성은 나를 비롯한 현대를 살아가는 우리 모두에게도 꼭 필요한 것들이 아닌가 싶다.

경기과학기술진흥원
박정택 원장

- 한양대학교 전기공학과 졸업, 서울대학교 행정대학원 행정학 석사, 영국 서섹스 대학 과학정책학 석사, 고려대학교 과학정책학 박사
- 영국 원자력발전공사 정책자문관, 과학기술부 원자력정책과장, 원자력안전과장, 원자력협력과장, 원자력개발과장, 기획총괄과장, 기술조사과장, 인력개발과장 역임
- 과학기술부 과학기술협력국장, 과학기술공보관, 한국과학기술기획평가원 책임연구원, 과학기술부 국립중앙과학관 전시연구센터소장, 주오스트리아대사관 겸 빈국제기구대표부 공사참사관, 과학기술정책연구원 연구위원, 정부출연연구기관 감사협의회 회장, 한국감사협회 부회장, 한국연구재단 상임감사 역임
- 서울대학교 경영대학 최고감사인과정, 서울대학교 법과대학 최고지도자과정, 서울대학교 행정대학원 국가정책과정 수료
- 現 경기과학기술진흥원 원장
- 우수공무원 대통령 표창, 신경제 5개년 계획 수립 유공자 대통령 표창, 홍조근정훈장 수상

05

성공벤처의 모험신화 찾아 떠나는
(주)피엠그로우 박재홍 대표
낭만 리더

우리나라 2040세대 대학생과 직장인을 대상으로 한 설문조사에서 10명 중 한명이 벤처창업을 꿈꿔본 적이 있는 것으로 응답했다. 스티브 잡스, 빌 게이츠, 마크 주커버그 등 세계적인 벤처창업가, IT의 우상들에게 우리가 열광하는 것은 그들의 어마어마한 성공 때문이기도 하지만, 그들이 성공을 거두기까지의 행보가 가히 '인디아나 존스' 급의 모험과 실패, 도전의 연속이기 때문에 더 매력적이고, 더 환상적으로 느껴져서일 것이다. 100개 기업 중 5개만 성공한다는 벤처. 한때 우리나라 젊은이들을 미래에 대한 환상에 젖게 했고, 그만큼의 젊은이들을 실패의 나락으로 떨어뜨리기도 했던 벤처정신에 대해, 편안한 얼굴로 명쾌한 해답을 내놓는 벤처기업가와의 만남은 아주 오랜만의, 소중하고 반가운 시간이었다.

박근혜 대통령도 빌 게이츠 테라파워 회장과의 만남에서 대한민국의 창조경제에 대해 피력하며 국정 키워드인 창조경제의 핵심은 산업이며, 과학기술 기반 인재들이 위험을 감수하고 창업할 수 있는 기회를 정부가 확대하겠다는 청사진을 이야기

했고, 빌 게이츠 회장 역시 창조경제를 가능케 하는 것은 기술혁신이며, 기존의 패러다임을 깨는 것만이 창조와 혁신을 견인할 수 있다고 언급하며, 미래 글로벌 리더로 성장하기 위해서는 창의적이고 혁신적인 사고와 도전정신이 가장 중요하다고 역설했다.

그리고 창의와 혁신, 도전에 대해 넉넉한 웃음으로 말하는 또 한 사람, (주)피엠그로우의 박재홍 대표가 있다. 인생의 터닝포인트마다 다소 모험적인 선택을 해왔던 것 같기는 하다며 특유의 여유로운 웃음을 지어보이는 그에게서는 '벤처'라는 단어가 주는 치열함, 처절함보다는 우리가 어린 시절 '인디아나 존스'를 보며 가슴 졸이면서도 눈을 뗄 수 없었던 모험에 대한 낭만과 열정, 순수함이 묻어난다. 그리고 전 세계적 어젠다인 '탄소 제로 시대'를 견인할 비장의 카드 '배터리 교체형 전기버스'를 들고 전국을 누비며 초기 시장을 열기 위해 동참할 파트너들을 만나 설득하고 함께 소통하는 과정이 행복하다며 미소 짓는 그의 얼굴은 '해리슨 포드'보다 멋지고 빛이 났다.

세계적인 고전으로 손꼽히는 사마천의 「사기」에는 기원전, 한무제 시대에 실크로드를 개척한 장건에 대해 '의지가 강하며, 견실하게 일에 임하였고, 마음이 넓으며, 사람을 믿었다'고 기록되어 있다. 벤처기업가로서, 확고한 기술력을 바탕으로, 벤처에 대한 정확한 자기성찰을 통해 모험을 두려워하지 않는 강한 의지와 전국 방방곡곡을 발로 뛰는 부지런함, 치열한 생존경쟁 속에서도 늘 스스로에게 여유를 줄줄 아는 넉넉함과 누구든 만나 의견을 나누고 뜻을 도모하여 새로운 소통의 장인 차세대 시장을 형성하는 일에 탁월한 박재홍 대표와 너무도 닮아 있다.

포항에서 제주로, 다시 서울로, 대륙으로, 전 세계로 뻗어나갈 피엠그로우의 전기버스 노선이 멈추지 않고 이어져 천 년 전 실크로드처럼, 지구와 지구인을 지키는 그린에너지로 동서를 새롭게 잇고, 그 안에서 세계의 문화와 역사가 또 한 번 새로운 역사를 쓰며 건강하게 소통하기를 열렬히 기대하고 응원한다.

(주)피엠그로우
박재홍 대표

05

공부하라는 말씀 한 번이 없던 부모님

나는 밀양에서 태어났다. 고등학교 선생님이셨던 아버지의 손을 잡고, 일곱 살의 이른 나이에 밀양의 밀주초등학교에 입학했지만, 아버지의 이직으로 3개월 만에 부산으로 이사를 하게 되었고, 전학을 간 학교에서 내가 너무 어려 학업을 따라가기 힘들 거라는 담임선생님의 말씀으로 나는 초등학생 명찰을 달자마자 학교를 쉬고, 다음해에 1학년으로 다시 부산의 대연초등학교에 입학했다. 대연초등학교에서 연포초등학교로, 그리고 수영중학교에서 동천고등학교까지, 나는 대체적으로 순하고 착한, 평범한 학생이었던 것 같다.

누님 두 분과 남동생 사이의 셋째로 태어난 나는 초등학교 저학년 때는 활발한 아이였다. 초등학교 4학년 때까지는 개구쟁이 짓도 했던 것 같고, 선생님의 질문에 알든 모르든 손부터 들고 보는 적극적이고 철없는 학생이었다. 그러나 초등학교 5학년부터 중학교를 졸업할 때까지는 조용한 편이었다. 초등학교 5학년부터 자라기를 멈춘 키 때문에 중학교 때도 내내 나는 키가 작은 아이였고, 그것이 나를 은연중에 위축시킨 건지도 모른다. 하지만 고등학교 1학년 때부터 다시 키가 크기 시작했고, 나는 다시 적극성을 찾기 시작했다. 그렇다고 내가 특별히 주눅이

들거나 했던 것은 아니었다. 나는 선천적으로 가지고 태어난 낙천적 성격과 인자하신 아버지, 늘 즐겁게 웃어주시던 어머니, 다정한 누나들과 동생 덕에, 집안에서 늘 안정감과 평화로움을 찾을 수 있었다.

고등학교 수학선생님이셨던 아버지는 수학을 잘 가르치시는 것으로 유명하셨다. 밀양에서 수학을 잘 가르친다는 소문이 부산에까지 전해져 내가 일곱 살 때 아버지는 부산의 입시학원에서 스카우트 제의를 받으셨고, 그렇게 해서 우리 가족은 부산으로 이사를 하게 되었다. 당시 학교 선생님 월급이 3만 8,000원 정도 했는데, 아버지가 학원에 가서서 처음 받으신 월급이 50만 원이었다. 그 후 수학강사로 점점 더 유명해지신 아버지는 부산에서 가장 유명했던 부산학원, 한샘학원 등을 직접 운영하시면서 꽤 많은 돈을 버시기도 했고, 77세이신 지금도 입시학원에서 아이들을 가르치신다. 그리고 평생 학생들하고만 지내신 아버지는 지금도 여느 젊은이 못지않게 젊게 사신다.

우리 남매들은 수학을 잘하는 편이었고, 나와 남동생은 특히 수학을 잘했지만, 정작 수학 최고의 강사이셨던 아버지는 우리들에게 한 번도 수학을 가르쳐 주신다거나 수학공부를 하라고 하신 적이 없었다. 수학뿐만이 아니었다. 아버지나 어머니는 우리가 어릴 적부터 공부를 하라고 다그치시거나 무언가를 강요하신 기억이 없다. 어릴 적부터 공부든 숙제든 모든 것은 각자 스스로 알아서 하도록 하셨고, 치열한 입시학원에서 아이들을 가르치면서 어떻게 우리들에게는 한 번도 공부하라고 하

졸업식에서 친구들과 함께

신 적이 없었을까도 싶지만, 그보다 더 중요한 많은 것들이 있다고 믿으셨기 때문에 그러셨다는 것을 잘 알고 있다.

공부를 열심히 하지도, 공부하는 방법도 잘 모르던 나는 그저 시험 때 다른 아이들처럼 공부하는 것으로, 중학교 때는 반에서 5등 정도 하다가 졸업을 할 즈음에는 반에서 1, 2등을 했었다. 그리고 고등학교에 가서 전교 1등도 해보고, 공부에 대해 관심을 가지기 시작했다. 내가 수학을 다른 아이들보다 잘한다고 느낀 것도 고등학교 1학년에 올라가서였다. 하지만, 죽어라고 공부만 하는 스타일이 아니었기 때문에 고등학교 때도 공부에 대해 특별히 큰 스트레스를 받지는 않았다.

포항공대 1기생으로 대학에 가다

어릴 때는 과학자가 꿈이었지만, 고등학교 때부터는 막연하게나마 대학교 교수가 되어야겠다는 생각을 했었다. 아버지의 영향 때문인지는 몰라도, 내가 가진 지식을 학생들과 나누는 일이 재미있을 것 같다는 생각이었다. 내가 고등학교 다닐 때는 한창 제어계측과가 유행이어서, 제어계측과 점수가 가장 높았고, 지원자도 많았다. 나는 막연하게 '서울대 제어계측과를 가서 교수가 되면 되겠다'고 생각했다. 한 가지, 하고 싶지 않은 전공은 있었다. 나는 왠지 의사가 되고 싶지는 않았다. 부모님께서도 한 번도 돈을 많이 버는 직업이 좋다고 얘기하시거나 하지 않으셨고, 나도 돈을 벌기보다는 학문을 연구하고, 학생들을 가르치는 교수가 되고 싶었다. 의사나 사업가보다는 실력 있는 학자가 되는 것이 더 좋다고 생각하신 부모님 때문에 나는 그렇게 나의 꿈을 키워갔고, 사람들과 함께 하는 일을 좋아했던 나는 연구만 하는 학자보다 학회 활동도 열심히 다니고 제자들과도 잘 지내는 교수가 되고 싶었다.

하지만, 1986년 겨울. 나는 학력고사를 망쳐버렸다. 평소 모의고사에서는 항상 서울대 제어계측과가 합격권이었는데, 학력고사 당일 국어시험을 망치면서 나는 재수를 해야 할지도 모른다는 생각을 했다. 학력고사가 끝나고, 아버지 학원에서 논술을 준비하면서 나는 아버지께

"아버지, 재수를 해야 할 것 같은데요"라고 말씀드렸다. 유명 입시학원 강사로, 부산의 무수한 인재들을 서울대에 보내신 아버지는 그러나, "아버지도 연대 나왔는데, 서울대가 떨어질 것 같으면 연대에 가도 되지 않느냐"며 재수를 권하지 않으셨다. 학과는 전망도 있고, 잘할 수 있는 전공을 선택해야겠지만, 학교는 뭐 꼭 서울대를 가야하느냐는 부모님의 말씀에도 나는 재수를 하고 싶었다. 학교 순위로 보자면, 여러 면에서 당시 연세대는 서울대 다음이었기 때문에 그냥 두 번째가 하기 싫은 마음이 컸다.

포항공대가 처음 신입생을 받은 것도 그 때였다. 신설대학인 포항공대에 대해 나는 그때까지 전혀 알지 못했다. 심지어 학원 강사이셨던 아버지도 포항공대에 대해 모르고 계셨다. 진학상담을 하신 것도 아니었으니, 유명 대학도 아닌 신설 대학에 대해 자세히 모르시는 건 어쩌면 당연했다. 그런데 당시 공부 잘하는 학교 친구들 중에 포항공대를 가겠다는 아이들이 꽤 있었다. 친구들에게 이야기를 듣고, 여기저기 찾아보니, '글로벌 리더십을 갖춘 소수정예의 창의적인 과학인재 육성'을 목표로 포항제철이 야심차게 설립한 포항공대에 대해 호기심이 생기기 시작했다. 게다가 시설도 국내 최고라는 이야기를 들으니, 서울대 다음의 연세대를 가느니 새롭게 설립된 포항공대를 가는 게 더 마음에 끌렸다. 내 인생의 첫 번째 터닝포인트였다. 포항공대가 아니었다면 아마도 나는 큰 고민 없이 재수를 선택했을 것이다.

당시 포항공대는 학력고사 만점인 340점에서 280점 이상 받은 학생들로 지원자격을 제한하고 있었다. 지원자격부터 까다로운 편이었다. 신설대학이라 아무 정보가 없으니, 나는 일단 가보고 좋은 학생들이 많이 오면 다니고, 아니면 그때 가서 재수를 해도 늦지 않을 거라고 생각했다. 의대를 다니고 있던 사촌형에게 전공에 대해 의논을 했더니, 사촌형은 요즘은 컴퓨터공학이 인기가 있으니, 전산과가 좋지 않겠느냐며 의대는 오지 말라고 하셨다. 힘들다는 뜻이었겠지만, 평소에도 공학도가 되어야겠다고 생각했던 나는 포항공대 전산과에 지원했고, 포항공대를 가기에 낮은 점수가 아니었음에도 불구하고, 아슬아슬하게 합격했을 만큼, 우수한 학생들이 많이 지원했다. 그 이후로도, 나는 삶의 터닝포인트라고 할 만한 결정의 순간에 늘 안전보다는 모험을 선택하는 것 같다.

내가 선택한 것은 좋은 것이야

그렇게 입학한 학교는 최고였다. 워낙 선택한 것에 대해 후회하지 않고 애정을 가지는 나의 성격 탓이기도 했지만, 학교는 생각보다 훌륭했다. 당시 서울대 등록금이 50만 원 정도였는데, 컴퓨터 한 대 값은 700만 원 정도였으니, 컴퓨터 가격이 엄청 비싸던 때였다. 그런데 포항공대는 학교에 개인컴퓨터가 아주 많았고, 대한민국 어떤 학교보다 개인컴퓨터가 많은, 서울대를 비롯한 다른 어떤 대학도 비교가 되지 않을 만큼 국내 최고의 대학 연구 시설을 자랑했다. 포항제철의 박태준 회장은

젊은 시절, 아내, 지인들과 함께

포항공대 초대 총장이셨던 김호길 박사와 의기투합이 잘 되셨고, 특유의 카리스마로 포항공대를 세계 최고의 공과대학으로 만드는 일에 밤낮을 가리지 않으셨다. 그렇게 20년간은 명실상부 국내 최고의 공과대학으로 포항공대가 명맥을 잘 유지해왔다. 그러나 안정적인 운영은 포항공대의 부진을 불러왔고, 포스텍(포항공대, 이하 포스텍)은 얼마 전부터 새로운 20년을 위한 힘찬 도약을 준비하고 있다. 나는 동창회 회장으로 누구보다 학교에 애정을 가지고 있고, 포스텍의 미래에 대해 많이 고민한다. 그리고 포스텍의 가장 큰 경쟁력은 기술의 사업적 성과라고 생각한다.

포스텍은 총 동문이 1만 5,000여 명에 불과한 작은 집단이기 때문에 이슈가 되거나 과감한 도전을 감행해야 하기 때문에 미국 스텐퍼드 대학처럼 우리도 벤처기업을 많이 만들어 뚜렷한 사업적 성과를 내야 한다고 본다. 그에 따른 포스텍의 선택은 '기술지주회사'다. 최근에는 산학협력의 발전적인 형태로 많은 대학들이 기술지주회사 설립에 적극적으로 나서고 있지만, 아직 국내에서는 성공적인 모델이 없다고 볼 수 있다. 하지만, 포스텍에는 100억 이상의 연구비를 쓰는 교수님들의 연구실이 100개가 넘는다. 그만큼 우수한 기술이 많다는 것이다. 따라서 포스텍은 이러한 기술력을 바탕으로 사업화에 성공하는 초기 기업을 많이 배출할 생각이다. 이러한 밑바탕이 잘 마련된다면 앞으로 20년의 새로운 도약이 얼마든지 가능하리라고 본다.

포스텍 1기 졸업생으로, 지난 대학시절을 돌이켜보면, 최고의 연구시설과 열정이 넘치는 최고의 교수님들이 가장 먼저 떠오른다. 대학교 1

연구원 시절, 동료들과 함께

학년 때는 이런 일도 있었다. 교수님들 중에는 지도에 대한 열정을 과제의 양과 비례해 생각하시는 분들이 많았다. 열정 많으신 교수님들 덕분에 우린 과제가 많아도 너무 많았다. 고등학교 4학년처럼 공부하던 우리학과 1학년 학생들 전체는 어느 날, 지도교수님께 편지 한 장 달랑 써놓고 학교를 나와 근처로 놀러 갔다. '교수님들 한분, 한 분은 자신의 과제만 생각하시지만, 그 모든 과제를 다 하기엔 우리가 죽을 것 같다. 이렇게는 못 살겠다'는 취지의 편지는 이후 어느 정도 효과를 발휘했다. 후에 들은 얘기지만, 당시 교수님들도 학생 지도 경험이 많지 않아 어느 정도의 과제가 적당한지 모르고, "일단 엄청난 양의 과제를 내줬는데, 다 해오더라. 그래서 더 내주고, 더 내주고 하다가 그런 사태가 온 것이다"라며 웃으셨다고 한다.

아무튼, 그 때는 교수님도 학생들도 진짜 열심이었다. 하지만 나는 그런 와중에도 '인생에서 80%는 최선을 다하지만, 20%는 여유를 가져야 한다'는 나의 고등학교 때부터의 신조를 잃지 않았다. 나는 월요일부터 금요일까지는 누구보다 열심히 공부했지만, 주말에는 반드시 부산에 있는 집에 내려갔다. 기숙사에서 휴일까지 죽어라 공부하거나 그렇게 공부는 안 하더라도 집에 갈 마음의 여유는 없던 친구들이 대부분이라 주말이면 꼬박꼬박 집에 내려가는 나 같은 친구는 하나도 없었지만, 나는 1주일에 한번은 집에 가서 친구들도 만나고, 집에서 하루 종일 혼자 쉬다 오게 되더라도 반드시 나에게 일주일에 한 번씩 휴가를 줬다. 간혹 공부에 몰입이 돼서 정신없이 시간이 지나고 나면 되레 '이러면

안 되지' 하고 혼자 속으로 생각하곤 한다. 하나에만 올인하는 것은 내 겐 열정이라기보다 위험한 일이다. 나는 순간을 즐기는 것이 아니라 길게 보고, 나의 몰입에 빠지는 것이 아니라 주변 사람들과 함께 천천히 여유 있게 가고 싶다.

80%의 최선과 20%의 여유

이렇게 예를 들 수 있겠다. 흔히 저축을 할 때 쓰고 남은 돈을 저축하는 것이 아니라 수입에서 저축할 돈을 미리 따로 떼어놓고 돈을 써야 한다고 한다. 그렇지 않고 다 쓰고 남은 돈을 저축하려면 돈을 다 쓰게 되어서 저축을 할 수 없다는 얘기다. 나도 그런 것 같다. 일 먼저, 공부 먼저 다 해놓고 쉬어야지 하면 쉴 수가 없다. 나에게 정신적, 시간적 여유는 길고 긴 인생을 흔들리지 않고 여유롭게 갈 수 있는 저축과도 같은 것이다. 요즘은 잘 못 지키는 경우가 생겼지만, 이러한 나의 원칙은 고등학교 시절 이후 지금까지 지켜지고 있다. 석·박사 시절에도 주말에 하루라도 집에 다녀오는 나에게 친구들뿐 아니라 교수님도 손을 드셨다. 대학시절엔 주말에 쉬거나 놀기도 하지만, 석·박사 시절엔 주말을 반납하고 연구에 매진하는 학생들이 대부분이었지만, 나는 그러지 않았다. 대신 동아리 활동을 하거나 다른 취미활동을 하지는 않았다. 주 5일은 철저히 공부와 연구에 매진하고, 주말 이틀은 나 자신에게 온전한 휴식을 주고, 생각할 시간을 주는 것. 그것이 나의 원칙이라면 원칙이다.

여유로움에 더하여 가진 경쟁력 또 한 가지는 낙천성이다. 나는 낙천적인 성격을 타고 난 것 같다. 그래서 내가 선택한 것을 후회하지 않고, 항상 좋게 생각하는 경향이 있다. 전공도 마찬가지였다. 지금 나에게 전공을 선택하라면 컴퓨터공학과보다는 기계학과를 선택할 것 같다. 왜냐하면 내가 사업을 하면서 궁금해 하거나 알아야 할 많은 것들이 대부분 기계와 관련된 영역이기 때문이다. 하지만 나는 내가 선택한 전산학과를 즐거운 마음으로 열심히 다녔고, 전공인 통신 분야를 발판으로 사업까지 하고 있으니 내 선택에 후회는 없다. 하지만 선택한 것이 너무 좋았다기보다 내가 선택한 것을 좋게 생각하고, 좋은 선택으로 만들려는 노력, 긍정적인 마음가짐이 중요하다고 생각한다. 후회를 할 시간에 다음 선택에 대해 더 생각해보는 것이 현명하다. 나에겐 현재가 가장 중요하고, 그 다음으로 미래가 중요하며, 흘러간 과거에는 연연하지 않는다.

사업을 하면서 이런 성격이 도움이 많이 되는 것 같다. 대학을 선택할 때 그랬던 것처럼, 나의 장래희망은 대학교수라고 당연히 믿고 있던 내가 2001년에 처음 사업을 시작하게 되었을 때도, '이게 아닌가? 잘 안 되면 어떻게 하지?' 라는 생각보다 '사업이 생각대로 잘 되지 않더라도 내겐 분명히 무언가가 남을 것이다. 대학으로 가게 되더라도 사업 경험이 도움이 될 테고' 라며 큰 걱정이 없었다. 내가 선택한 미래를 내가 나쁘게 생각하지 않을 것이라는 걸 스스로 누구보다 잘 알고 있었기 때문에 걱정할 일이 없었던 것이다.

벤처는 세상에 없는 것들을 해야 한다. 사실 굉장히 두려운 일이다. 제품이 잘 나올지, 잘 나와도 남들이 좋아할지에 대해 늘 두려울 수밖에 없는 일을 하는 건데, 나 자신이라도 그 일에 대해 확신을 가지지 않으면 안 되고, 그럴 때 나의 긍정적이고 낙천적인 성격이 큰 도움이 되는 것 같다.

사실 대학 4년 동안 배울 수 있는 것은 한계가 있다. 대학교 때까지는 그냥 그 전공에 관한 전반적인 이론들을 배우는 것이고, 진짜 공부는 석·박사 과정에서 스스로 연구하면서 하는 것이다. 당시 우리 학교 통신 분야에는 두 분의 교수님이 계셨는데, 그 중 한 분인 이재용 교수님

집무실에서

은 학생들에게 가장 인기가 많은 교수님이셨다. 지금은 연세대에 계시는 이재용 교수님은 저녁이면 연구실에 매달려 있는 학생들에게 오셔서 자주 밥도 사주시고, 근사한 뷔페도 데려가 주시며 연구원들과 늘 격의 없이 지내셨고, 학생들을 많이 존중해주시는 스타일이셨다. 석사과정을 시작하면서 나는 1학년 때 지도 교수님이기도 하셨던 이 교수님의 연구실에 들어가고 싶었지만, 이미 4학년 때 이 교수님 랩에서 연구 참여를 했던 우수한 동기들이 있어 크게 기대할 수 없는 상황이었다.

하지만 이 교수님은 나와 지금은 단국대에서 교수로 있는 내 친구를 교수님 연구원으로 뽑아주셨다. 너무 좋았다. 나중에 들은 이야기이지만, 교수님도 내 스타일이 교수님과 잘 맞는다고 생각하시고, 내가 잘할 것 같으셨다고 했다. 그렇게 나는 이 교수님 랩에서 연구하고 배우면서 내가 하는 일만 대단하고 중요하게 생각하는 것이 아니라 겸손함과 끊임없는 자기성찰, 인간에 대한 여유로움과 사랑이 공학도로서, 인간으로서 갖춰야 할 정말 중요한 소양임을 더욱 절실히 깨닫게 되었다.

어머니에게서 배운 '하면 되지!'

내가 낙천적인 이유는 선천적인 영향도 있지만, 부모님의 교육철학 때문이기도 하다. 우리가 어릴 때, 부모님은 경제적인 형편이 여유롭지 않으셨음에도 불구하고, 우리에게 궁색하다는 생각을 한 번도 하게 하지 않으셨다. 내가 어릴 때 집안일에 관심이 많았었는지는 몰라도 어머니는 내가 초등학생일 때도 이사할 집을 보러 갈 때 나를 데리고 가곤 하셨다. 이런 일도 있었다. 초등학교 4학년 때였던가. 나는 장남으로서 어머니에게 돈을 너무 많이 쓰시는 것이 아니냐고 잔소리 아닌 잔소리를 했었다. 내가 보기엔 어머니가 다른 사람들에게 살림을 너무 퍼주시는 것 같아서 한 소리였다.

그리고 나는 어머니께 말씀드려 한 달 생활비가 얼마냐고 묻고, 그걸 내게 줘보시라고 하고는 30개의 편지봉투에 각각 5,000원씩을 넣고, 하루에 5,000원만 쓰시라고 했다. 그리고 31개째의 봉투에는 남은 돈을 비상금 조로 몇 십 만원 넣어 드렸다. 어머니는 "이렇게 쓰면 되겠구나!" 하시고는 내가 드린 봉투 31개를 받아 드셨다. 초등학교 4학년 아들이 한다는 짓이 귀엽게 느껴지셔서 그랬는지는 몰라도, 어쨌든 어머니는 내 의견을 받아들여주셨고, 실제로 돈을 매일 5,000원씩 쓰셨는지는 모르겠지만, 누가 무슨 얘기를 하고, 어떤 제안을 해도 "그래? 그렇게 하면 되겠네!"라며 환하게 웃으시는 어머니의 낙천적이고 긍정적인 성격이 내게 많은 영향을 주신 것 같다. 실제로도 아버지가 학원을 하시면서는 때론 큰돈을 빌려야하는 상황이 생기기도 했지만, 그때마다 어머니는 "그래요? 하면 되죠!"라며 별일 아니라는 듯이 웃으시며 돈을 구하러 다니시곤 했다. 걱정부터 하는 게 아니라, '하면 되지, 뭐!'라며 일단 해내는 어머니의 성격을 나도 그대로 닮은 것 같다.

부모님께서 주신 기억 중에 내 자식들에게까지 이어지는 것도 있다. 우

첫 아이 돌잔치 모습

리 부모님은 나와 내 동생을 클 때까지 부모님과 한방에서 재우셨는데, 그 기억이 내게 따스하게 남아있다. 처음 시작은 방이 모자라서였다. 방 세 개짜리 집으로 이사를 가자, 누나들이 방 하나를 차지했고, 그때 함께 사시던 외삼촌이 방 하나를 쓰셨고, 나와 내 동생은 어쩔 수 없이 부모님과 한방에서 자야 했다. 하지만, 외삼촌이 집을 나가 이사를 하신 후에도 나와 내 동생은 그 방을 비워두고 여전히 아버지, 어머니와 한 방에서 잤다. 그게 그냥 그렇게 좋았다. 경상도 분들이라 특별히 상냥하시고 애정 표현을 많이 하신 건 아니었지만. 잠들기 전까지 어머니, 아버지와 이야기도 하고, 텔레비전을 보며 웃고 떠들던 기억, 그 따뜻했던 추억 때문에 나는 아버지가 되어서 내 자식들에게도 "이젠 컸으니 네 방에 가서 자라"고 하기가 왠지 냉정하고 매정스러운 것 같아

(주)피엠그로우 / 박재홍 대표 143

피엠그로우에서 개발한 배터리

초등학교 6학년인 아들, 1학년인 딸아이와 아직도 한방에서 잔다.

"이제 초등학교에 들어가니까 네 방에 가서 자야지!", "6학년이 되면 네 방에 가서 자야 한다!"라고 아내는 아이들에게 이야기하곤 하지만, 나는 그럴 때마다 '이제 가면 다신 우리 방에서 같이 잘 일이 없을 텐데'하며 혼자 속으로 아쉬워지곤 한다. 아이들은 아직까지 어떻게 해서든 엄마, 아빠와 함께 자려고 꾀를 부린다. 그리고 나는 아이들이 원하는 한 그렇게 해주고 싶다. 큰 아이가 중학생이 되니 그런 즐거움도 이제 얼마 남지 않았지만, 큰 아이에게도 엄마, 아빠와 한방에서 낄낄거리고, 이불싸움을 해가며 함께 자던 기억이 오래도록 소중하고 따뜻한 추억으로 남으리라 믿는다.

나의 네 번째 도전, '진짜 벤처를 하자!'

나는 30세에 졸업을 하면서 산학지원을 받던 삼성전자에 받은 돈을 돌려주면서까지 현대전자를 선택했다. 또 한 번의 도전이었다. 당시 현대전자는 전자업계에서 3등이었고, 가장 덜 체계화되어 있었고, 그것이 내가 현대전자를 선택한 이유였다. 실제로 현대전자에서 4년 동안 일하면서 나는 시스템이 완벽히 갖춰진 곳에서라면 경험하지 못했을 많은 경험들을 할 수 있었다. 내 직급에서는 경험할 수 없는 과도하게 중요한 일들을 맡아 열심히 일하고, 배울 수 있었던 소중한 시간이었다. 그리고 2001년, 나는 34세의 나이로 처음 사업을 시작하고, 그 해에

포항에서 현재 실제 운영 중인 피엠그로우의 배터리 교체형 전기버스

결혼도 했다. 아마 결혼이 먼저였다면, 사업을 시작하지 못했을지도 모른다.

2000년부터 우리나라에 벤처 거품이 사라지기 시작하던 그 때, 나는 벤처를 해보자는 제의를 받아들였고, 그것이 나의 세 번째 모험이었다. 나는 유라클이라는 회사를 통해 IT 기업의 한계를 많이 느꼈다. 많은 성공과 실패를 경험하면서 나는 공동창업자에게 10년 몸담았던 유라클의 책임과 권한을 모두 넘기고, IT가 가장 효과를 발휘할 수 있는, 가장 벤처다운 초기 시장을 찾는, 새로운 사업에 도전하게 되었다. 그것의 나의 네 번째 모험이자 피엠그로우의 시작이었다.

나는 학위도 통신 분야를 했고, 처음 설립했던 유라클이라는 회사도 전형적인 IT 회사여서 IT에 친숙한 사람이다. 하지만 유라클을 10년 간 운영하면서 우리나라의 여러 가지 여건상 순수 소프트웨어만 가지고 기업을 키운다는 것이 상당히 어렵다는 것을 알게 되었다. 특히 많은 직원들에게 회사의 성장이나 해외 진출 등의 비전을 준다는 것이 상당히 어렵게 느껴졌다. 그러한 경험을 바탕으로 나는 IT라는 경쟁력을 가지긴 하되 그 시장 자체는 기존의 가장 폐쇄된 시장 중의 하나인 '전력 시장'을 개척해보자고 생각했다.

나는 벤처를 시작하면서 가장 먼저 두 가지를 생각했다. 첫째, 벤처는 대기업에 비해 먼저 시장을 몸으로 겪는 일을 마다해서는 경쟁력을 가질 수 없다는 것이다. IT는 효율성을 높이는 데 굉장한 힘을 가지고 있으나, 그 자체로 시장을 형성하기는 상당히 어렵다. 두 번째는 과거 '통신' 시장과 '전력' 시장의 유사성이다. 통신도 KT가 물리적인 통신망을 독점하던 시절에는 새로운 서비스도 없었고 새로운 요금 체계도 없었으며, 다른 산업들과의 시너지도 없었지만, 데이콤이 들어오면서 여러 가지 경쟁을 하게 되어 통신망도 오픈되고, 여러 아이디어들을 구현할 수 있는 오픈 서비스 플랫폼들도 나오고, 그에 따라 여러 가지 고객 서비스, 요금제, 마케팅 등이 나왔다. 이는 이동통신도 마찬가지이고 방송 시장도 마찬가지이다. 나는 전력 분야도 그렇게 될 거라고 본다. 현재는 발전과 소비만 개방되어 있지만, 거래와 송배전이 개방되는 것은 시간문제이며 그것이 개방되면 굉장히 효율적인 아이디어들이 많이 접목될 것이라고 생각한다. 그 선두에 벤처가 나올 것이고, IT 기술들이 많이 활용될 것이라고 믿는다. 그리고 우리 피엠그로우가 그러한 역할을 할 수 있으리라 기대한다.

피엠그로우의 주요 사업은 크게 IT를 전력 시장에 접목하는 것이다. 그리고 현실적으로 진행하고 있는 것은 남들과 다른 '스마트'한 배터리를 만드는 것이다. 예를 들어, 우리는 배터리 셀을 만들지 않는다. 배터리 셀은 사온다. 그리고 나서는 제조에서 서비스를 위한 준비 단계까지 우리가 다 한다. 여기서 남들과 좀 다르게 IT를 적극 적용하는 것은 단순히 패키징하고 BMS(Bank Memory Specification)를 개발하는 것 이외에, 배터리 셀을 원격에서 실시간 관리하는 것이다. 둘째는 배터리

피엠그로우의 배터리 교체형 전기버스와 배터리 교환소

셀들 간의 밸런스가 일정 수준 이상 깨지면 배터리 셀을 교체해 주되, 에이징된 셀을 넣어 주는 것이다. 이러한 두 가지 작업이 다른 사람들이 하지 않는 일들이다.

사실 IT에서는 무언가를 모니터링하다가 이상이 생기면 그것을 교체나 수리하는 것 자체는 대단한 일이 아니다. 하지만, 전통적인 전력 시장, 자동차 시장, 배터리 시장에서는 어려운 일이 된다. 왜냐하면, 첫째 패키징만 하는 회사가 셀을 구매하기 어렵기 때문이다. 그리고 셀의 특성을 잘 알려 주지 않기 때문에 셀을 모니터링하고 판단한다는 게 쉽지 않다. 둘째로는 전기 자동차에 탑재된 배터리는 자동차 업체의 적극적인 도움 없이는 정보를 외부에서 정의하거나 읽기가 어렵다. 이는 기술적으로는 CAN(Controller Area Network)이라는 자동차 네트워크의 문제이고 산업적으로는 수직 계열화된 기존 자동차 업계의 관행이다. 즉 VCU(Vehicle Control Unit)를 통하지 않고서는 아무 정보도 구할 수가 없다. 셋째는 배터리에 대한 적극적 대처 마인드가 아직 부족한 시장의 성숙도이다. 배터리 팩을 통째로 갈아 끼우는 것에 아직 익숙하고 문제가 있는 셀을 셀 단위로 교체하는 것에 대한 마인드가 아직 부족하기 때문에, 최초 조립시의 조립 단가도 올라가야 하고 실시간 모니터링이 되지 않으면 의미가 없다는 문제점들이 있다. 우리의 도전이 시작되는 지점이다.

포항공대 총동창회에서

세계 최초의 배터리 교체형 전기버스

피엠그로우는 한마디로 대표적인 폐쇄된 시장인 '전력시장'에 IT를 적용해서 효율성을 높이는 일을 하는 회사라고 할 수 있다. 내가 IT 출신이다 보니, 처음에는 많은 아이디어들이 있었지만 현실적으로 바로 적용하기에는 어려움이 있는 분야도 있고 해서, 현재는 발전 쪽과 소비 쪽에서 IT를 접목시킬 수 있는 일들을 하고 있다.

현재 진행 중인 것은 '스마트 배터리' 분야와 '전기자동차를 위한 서비스 관제 시스템' 분야이다. '스마트 배터리' 분야에서는 우리가 직접 개발한 '배터리 교체형 전기 버스'에 대해서 배터리와 전체 운영 관제 쪽 일을 하고 있고, 최근에 이슈가 되는 ESS(Energy Storage

System) 분야에서 대기업의 틈바구니 속에서 작년에 740Kwh짜리 대용량 사이트를 수주해서 구축을 완료했다. '전기 자동차 서비스 관제 시스템' 분야는 포스코를 비롯한 여러 관계 기업과 제주도에 '(주)제주전기차서비스'라는 회사를 만들어서 멤버십 비즈니스를 진행 중이며, 2014년을 글로벌 외국 전기자동차 회사들을 파트너로 한 본격화 원년으로 삼을 계획이다.

현재 우리 피엠그로우가 만든 세계 최초의 배터리 교체형 전기버스가 실제 검증을 거쳐 번호판을 받을 수 있는 자격을 갖추고 포항에서 일반 시민을 태우고 운행을 하고 있으며, 이러한 가시적 성과를 바탕으로 에너지 저장 분야의 시장에 진입하고, 전기차 멤버십 비즈니스 플랫폼이 완성되어 글로벌 자동차 업체에서 관심을 보이고 있다.

포항공대 총동창회장으로 연단에 선 모습

2011년과 2012년에 열심히 반죽을 해서 2013년에 시식용 빵을 만들어서 사람들에게 선보였다면, 2014년에는 시식용 빵을 상품으로 판매하는 것이 우리의 목표다. 특히 교체형 전기 버스는 지자체 서너 곳에 진출하는 것이 올해 목표다. 한 번 진출하면 이후의 확산은 상품의 성격상 자연스러울 것으로 기대한다.

세계에서 가장 에너지 보급 시간이 짧은 전기 버스 모델을 가지고 있다는 것이 우리의 경쟁력이고, 더 큰 경쟁력은 이것이 어려운 기술이 아니라는 점이다. 가장 중요한 핵심은 실용적인 기술인가 하는 점이라고 생각한다. 작년 말에 타고 다니던 차를 교체했는데, 4년에 약 21만km 정도를 탔다. IT의 최첨단을 달리는 시대이지만, 나는 지금도 고객과는 만나서 얘기하는 것을 좋아하고 그렇게 공감대를 얻는 편이다. 아무래도 새로운 시장을 개척하는 입장이다 보니, 함께 나아가는 동료들이나 고객들과 컨센서스를 잘 맞추지 않으면 한 걸음 앞으로 나아가기가 어려운 상황이라, 나의 열정과 체력을 무기로 앞으로도 더 많은 사람들을 만나고, 설득하고, 다함께 새로운 시장을 창출해갈 생각이다.

(주)피엠그로우
박재홍 대표

- 포항공과대학 전자계산학과 졸업, 동 대학원 졸업, 포항공과대학 전자계산학과 박사(정보통신)
- 현대전자산업(주) 책임연구원, Ipv6 Forum Korea 이동통신 응용 WG 의장 역임
- IT 국제 표준화 전문가(정보통신부 지명)
- 중소기업선정 신지식인 25인
- 지곡클럽(포항공대 IT 벤처인 모임) 회장 역임
- (주)유라클 대표이사 역임
- 現 (주)피엠그로우 대표이사, 포항공대 총동창회 회장, 무은재 기념사업회 이사, 포스텍 기술지주회사 사외이사
- 정보통신부장관 표창
- 통신 관련 분야 국내외 논문 60편 이상 발표
- 이동통신 및 무선인터넷, 전기자동차 관련 특허 70건 이상 출원 및 등록

06

시를 사랑하는 마음으로
한국문화예술회관연합회 김승국 상임부회장
문화와 예술을 품다

우리나라는 반만년의 역사와 그에 걸맞은 품격 높은 문화 예술을 자랑하는 나라이다. 흥이 있고, 흥에 겨운 가락을 즐기던 우리 선조들의 예술적 기질이 오늘날 전 세계인에게 사랑받는 'K-POP'을 만들었고, 음악은 물론, 미술, 공예, 음식, 의복 등 문화 전반에 걸친 민족 고유의 깊이와 향취가 오늘날 세계 속의 한류열풍을 가능케 했음은 주지의 사실이다.

문화는 대한민국의 가장 소중한 자산이며, 우리 민족의 자존심이다. 어디 그뿐인가? 문화와 예술은 우리의 삶에 휴식을 주고, 어지러운 마음을 다스리게 하며, 힘들고 지칠 때면 활력과 기쁨을 준다. 그 어떤 말로도 문화와 예술이 우리의 삶을 얼마나 풍요롭게 하는지, 인간을 그토록 인간답게 하는지 다 표현할 수 없을 것이다.

방황하던 청춘의 고뇌를 시(詩)로 풀어내고, 국악에 매료되어 우리나라 국악 인재 양성에 젊음을 바쳤으며, 이제 우리나라 문화 예술의 진정한 발전을 위해 한국문화

예술회관연합회 상임부회장으로 일하면서 국민들의 삶 깊숙이 문화와 예술이 자리 잡도록 묵묵히 일하는 그의 인생을 들여다보는 것만으로도 문화와 예술의 힘이 얼마나 위대한 것인지 느끼게 된다.

'시가 아니었다면, 국악이 아니었다면, 살아낼 수 있었을까 싶다' 던 그의 서늘한 눈빛이 내 가슴 속에 들어와 별이 되었다. 듣는 너내 몇 번이고 눈물을 삼켜야 했던 그의 젊은 날의 초상이, 가슴을 짓누를 듯한 삶의 무게가 내게도 전해져 아무 말도 할 수가 없었다. 전쟁 같은 삶에서 '시(詩)'가 유일한 탈출구였으며 희망이었다고, 무심한 듯 이야기하는 김승국 부회장의 이제는 편안한 얼굴이 그가 예술을 얼마나 사랑하고, 사랑할 수밖에 없었는지 말해주는 듯했다.

김승국 부회장과 이야기를 나누는 내내 푸시킨이 생각났다. '삶이 그대를 속일지라도 슬퍼하거나 노여워하지 말라. 슬픔의 날 참고 견디면 기쁨의 날이 오리니. 마음은 미래에 살고 현재는 늘 슬픈 것. 모든 것은 순간에 지나가고 지나간 것은 다시 그리워지나니.'

사람들은 그가 국악예고에서 학생들을 자식처럼 사랑하고 아꼈던 것에 대해, 전통공연예술연구소에서 우리 전통문화를 보존하기 위해 한 온갖 노력들에 대해, 노원문화예술회관에서 문화예술이 우리 삶에 얼마나 필요하고 친근한 것인지 지역 주민들과 어린이들에게 알려주기 위해 했던 일들에 대해, 어떻게 그 많은 일들을 한 사람이 다 해낼 수 있었냐며 놀라움을 금치 못한다.

하지만 나는 알 수 있다. 시와 음악, 춤과 예술이 아니었다면 살아내지 못했을 그의 삶이, 그런 삶을 살아낸 그가, 어떻게 그런 일들을 하지 않을 수 있었겠는가. 자신이 그랬던 것처럼, 더 많은 사람들이, 삶에 지치고 버거운 사람들이, 문화와 예술에서 힘을 얻고 진정 행복한 삶을 살 수 있도록 돕는 일만이 내가 해야 할 일이라고 그가 말하는 듯하다.

한국문화예술회관연합회
김승국 상임부회장

06

혼자 살아남아야 했던 유년 시절

나는 나의 어린 시절 이야기를 지금껏 한 번도 다른 사람에게 부러 얘기해본 적이 없다. 어린 시절뿐만이 아니라 나의 개인적인 인생사에 대해 다른 사람에게 얘기한 적이 거의 없었던 것 같다. 부모에게조차 기대할 수 없던 유년시절의 상처가 나를 아무에게도 섣부른 기대 같은 걸 하지 못하게 만든 것인지도, 나의 상처를 들키지 않기 위해 본능적으로 내가 선택한 자존심 때문이었는지도 모른다. 어쨌든, 남들과 다른 유년 시절의 기억은 젊은 날의 나를 안으로 안으로만 침잠하게 했다.

내 아버지는 군인이셨다. 군인이라고 해봐야 멋진 별을 단 장군이 아니라 그냥 말단의 가난한 직업 군인이셨다. 전쟁 직후, 강원도 부대에서 근무하던 아버지와 멀리 떨어져, 나는 인천에서 나고 자랐다. 엄마는 어린 나와 당신의 생계를 위해 나를 이웃집에 맡기고 행상을 다니셨다. 동네 시장 한 모퉁이에 광주리를 놓고 쪼그리고 앉아 물건을 팔던 엄마는 내가 찾아가면 쫓고 또 찾아가면 다시 쫓아내던 야속한 모습으로 어린 시절의 기억 속에 남아있다.

어린 시절, 어머니와 함께

내 인생의 가장 행복했던 때는 초등학교 3학년 시절이었다. 내가 초등학교 3학년 되던 해, 엄마와 나는 아버지가 계시던 강원도 화천의 군부대에서 함께 살게 되었다. 가족이 처음으로 함께 모여 살던 그 단 1년간. 정상적인 가정 속에서 행복할 수 있던 시간은 내 인생에서 그 단 1년이 전부였다. 학교 친구들도 도시에서 온 나를 환대해 주었고, 선생님들도 나를 똘똘하다며 예뻐해 주셨다. 전학가자마자 반장이 된 나는 처음으로 안락함이 무엇인지 느낄 수 있었다.

그러나 5·16쿠데타가 일어나면서 우리 가족은 서울로 오게 되었고, 나는 4학년 때 서울 수송초등학교로 전학을 갔다. 당시 수송초등학교는 경기중, 경기고로 가는 엘리트 코스의 학교였다. 집안 좋고, 공부 잘하는 아이들이 모여 있는 그 안에서 나는 적응을 하지 못했다. 화천에서는 반장도 하고, 친구들과 선생님께 사랑을 듬뿍 받았었는데, 여기서는 존재감 없는 시골 촌놈, 그 이상도 그 이하도 아니었다. 학교를 가지 않고 하루 종일 전차를 타고 빙빙 도는 일이 많아지자 담임선생님이 집으로 엄마를 찾아오셔서 전학을 가는 게 나을 것 같다고 하셨고, 그렇게 나는 다시 인천으로 전학을 갔다. 강원도 야전부대에 계시다가 서울의 6관구사령부로 옮기신 아버지는 술을 드시고 늦게 들어오는 날이 많아지셨고, 엄마와의 다툼도 도를 더해갔다. 그리고 내가 5학년을 마칠 즈음, 우리 가정은 산산이 부서졌다. 아버지가 엄마와 헤어져 다른 여자 분과 재혼을 하시게 된 것이다. 부모님이 처음으로 내 의견을 물으셨다. "엄마하고 살래, 아빠하고 살래?" 나는 아빠하고 살겠다고 했다. 엄마랑 살게 되면 내가 엄마에게 짐만 될 것이 뻔했고, 엄마가 너무 고생을 할 것 같았다. 엄마에게 짐이 되어서는 안 된다는 생각만 했던 것 같다.

그렇게 엄마는 단칸방을 얻어 옆 동네로 나가시고, 나는 낯선 아줌마와 살게 되었다. 그 때 나는 6학년이었다. 아버지는 그 아줌마에게 엄마라고 부르게 하셨다. 하지만, 엄마가 돌아가신 것도 아니고, 먼 데 사시는 것도 아니고, 바로 근처에 살고 계신 엄마를 놔두고 죽어도 엄마 소리가 나오지 않았다. 처음엔 너무나 친절하게 대해주시던 아줌마도 점점 나를 마음에 들어 하지 않으셨다. 열 세 살짜리 나에게 사춘기가 온 것도 그 즈음인 것 같다. 나는 그 모든 상황이 너무 싫었다. 그리고 점점 비뚤어지기 시작했다. 말투에서도, 눈빛에서도 반항기가 줄줄 흐르는 날 가만히 두고 볼 아버지가 아니었다. 나는 아버지께 거의 매일 죽도록 맞았다. 중학교 1학년 어느 날, 이렇게 맞다가 죽을지도 모른다는 생각이 든 나는 집을 뛰쳐나와 친구 집으로 도망쳤다. 그 친구도 부모

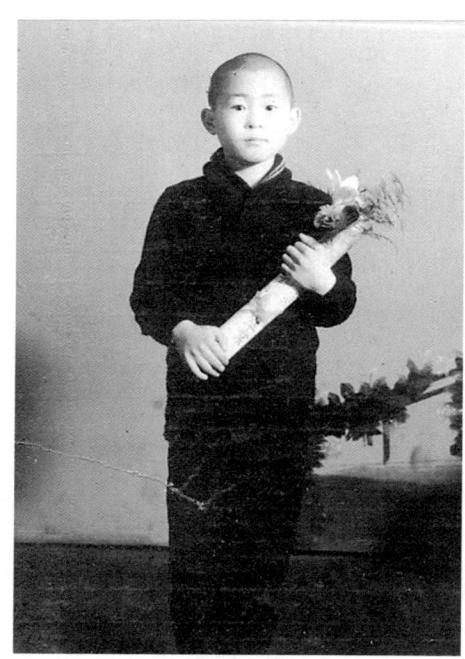

초등학교 졸업식에서

님이 이혼을 하시고, 아버지 혼자 남매 셋을 키우고 계셨는데, 돈벌이를 다니는 친구 아버지는 열흘에 한번 꼴로 집에 들어오셨고, 아이들끼리 사는 집이었다. 나는 그 친구 집에서 몇 달을 보냈지만, 내 아버지는 날 찾지 않았다. 짐작하건데 내가 어머니 집으로 갔을 것이라고 생각했을 것이다.

그날 이후로, 아버지가 한 번도 날 찾지 않았다는 것, 찾으려고 하지도 않았다는 것이 나로 하여금 돌아가실 때까지 아버지를 보지 않게 만들었다. 나를 낳아준 아버지에게서 버려졌다는 사실이 화가 나기보다 무서웠다. 어린 자존심에도 나를 찾으려고도 않는 아버지 집으로 다시 들어갈 수는 없었고, 엄마에게도 내가 집을 나왔다는 걸 말할 수 없었다. 어쩌다 한 번씩 만나러 가서 보는 엄마의 삶은 처참하기 그지없었고, 어떻게 해줄 수 없는 엄마는 걱정만 할 것이 분명했다. 내 나이 고작 열네 살. 나는 혼자 사는 법을 미처 배우지 못한 터였다.

하지만 나는 그렇게 혼자가 되었고, 중학교 2학년이 되었다. 인천 용동은 예로부터 권번(기생)이 있던 주점가로 유명한 유곽지역이었다. 그 동네에 가면 엄마가 술집주인인 친구들이 있었다. 아침에 학교가려고 일어나면 밤새 손님들 상대하느라 술을 퍼마신 엄마는 곤히 자고 있다. 학교에서 돌아오면 그때 겨우 일어나 장사할 준비를 시작하는 엄마는 아들의 손에 돈 몇 푼 쥐어주며 나가 놀다오라고 한다. 그렇게 낯선 남자들과 술 냄새가 진동하는 집을 피해 골목을 더돌아다니는 아이들과 나는 금세 친구가 되었다. 나는 용동의 한 여인숙에 방을 얻어 집나온 친구와 자취를 했다. 신문 돌리는 건 일도 아니었다. 방값도 내야하고, 학교 월사금도 내야하고, 먹고 입고 학교에 다니려면 돈이 필요했고, 나는 닥치는 대로 일을 했다. 일이라고 해야 겨우 중학생이 할 수 있는 일은 많지 않았다. 나는 동네 깡패 형들 심부름도 하고, 술집아줌마, 아저씨들 심부름도 하며 방탕한 하루하루를 보냈다. 학교 성적은 당연히 바닥이었다. 교무실 문 앞이 항상 내 자리였다. 이 선생님, 저 선생님께 불려가 벌을 서는 자리였다. 교실에 앉아있는 시간보다 거기서 벌을 서고 있는 시간이 더 많았다.

스승의 가르침으로, 공부를 통해 자존감을 찾다

중학교 2학년 1학기가 끝날 즈음, 그날도 어김없이 교무실 앞에 꿇어앉아 벌을 서고 있는데, 지나가던 선생님 한 분이 "고놈, 똘똘하게 생겼는데, 왜 맨날 여기서 이러고 있지?" 하며 내 머리를 쓰다듬으시는 것이 아닌가. 지나치는 선생님들은 어김없이 출석부로 내 머리를 한 대씩 때리고 다니셨는데, 나는 처음으로 다른 사람에게서 그런 호의를 받았다. 그렇게 따스한 눈으로 나를 바라보는 사람은 처음이었다. 무언가 가슴이 울컥했다.

알고 보니 그 분은 공민과목 선생님이셨다. 당시는 사회시간을 공민시간이라고 했는데, 그 분이 얼굴도 잘 몰랐던 공민선생님이셨던 것이다.

그 이후로, 나는 공민시간에만 수업을 들었다. 시험공부도 공민과목만 했다. 그냥 그 선생님이 너무 고마웠다. 영화 '친구2'에서처럼, 어른 남자가 내편을 들어준 것은 그 분이 처음이었다. 공민과목을 공부하면서 나는 내가 공부를 잘하던 아이였다는 것을 생각해냈다. 초등학교 3학년 때도 공부를 잘했었는데, 집을 나오면서 나는 패배감에 사로잡혀 더 이상 나 자신을 위해 아무 노력도 하지 않았던 것이다. 그러나 곧 여름방학이 시작되었고, 같이 어울리던 친구들은 모두 송도해수욕장으로 가서 여름을 났다. 우리에게 심부름을 시키던 동네 조직폭력배 형들이 송도해수욕장 상권을 장악하고 있었기 때문이다. 그러나 나는 가지 않았다. 가면 여름 내내 먹고 마시면서 신나게 놀 수 있었지만, 그러고 싶지 않았다.

2학년 여름방학이 시작되자마자 나는 시립도서관에 가서 공부를 하기 시작하였다. 당시 시립도서관은 20~30원만 내면 밤에도 공부할 수 있었기 때문에 딱히 집이라고도 할 곳도 없는 나에게는 공부에 매달리기에는 최적의 장소였다. 마침내 여름방학이 끝나자마자 예고 없이 치룬 시험에서 학급 5등을 했다. 겨우 한 달 남짓한 시간이었는데 5등을 하고 보니, 내가 공부를 잘할지도 모른다는 생각이 들었다. 그러나 선생님들은 그렇게 생각하지 않으셨다. 나는 교무실에 불려가 담임선생님께 추궁을 당했다. 커닝을 했는지, 다른 친구 걸 보고 베꼈는지, 빨리 대라는 것이었다. 억울했다. "아니다, 내가 시립도서관 가서 공부를 조금 했다"고 몇 번을 얘기해도 들은 척하지 않으셨다. 순간, 참을 수가 없었다. 나는 교무실 유리창을 모조리 깨부수고 운동장을 가로질러 나왔다. '그래! 이깟 학교 때려 치면 그만이다.' 열심히 공부한 나를 칭찬해주기는커녕 의심부터 하는 선생님이 너무 싫었다. '나도 당신 같은 선생님, 이런 학교 필요 없다!' 그렇게 교문을 나서려는 순간 나를 쫓아오신 공민선생님께서 나를 돌려세우시더니 따귀를 때리셨다. "너 왜 이렇게 비겁하냐? 억울한 게 있으면 결백을 증명해야지. 이렇게 피하면 되냐?" 선생님은 그렇게 또, 나를 처음으로 붙잡아주셨다. 집을 나가도 붙잡아주지 않던 아버지가 생각났다. 나는 선생님 앞에서 고개를 떨구고 눈물만 뚝뚝 흘렸다.

며칠 후 선도위원회가 열렸고, 퇴학 처분은 공민선생님의 도움으로 무기정학이 되었다. 그 때부터 나는 죽게 공부했다. 먹고 살기 위해 돈을 벌어야 했으니, 배달이고 뭐고 돈이 되는 일이라면 닥치는 대로 하면서도, 틈틈이 책을 봤다. 선생님 말씀대로 내 실력을 증명해보여야 했다. 그리고 중학교 3학년이 되어 나는 중간고사에서 전교 수석을 했고, 그렇게 우등으로 졸업을 했다. 나는 공부도 하면 되는 거라는 걸 알게 되었고, 스스로에게 자신감이라는 것을 가지게 되었다. 먹고 사느라 닥치는 대로 일하고, 남는 시간에는 동네 불량배들과 어울리며 되는 대로 살던 내가 공부를 통해 자존감을 가지게 된 것이다.

그렇게 해서 나는 서울에 있는 유명 고등학교에 지원했지만, 시험에서 떨어졌다. 낙담하고 있던 내게 공민선생님께서 당신의 모교인 양정

고등학교 1학년 재학 시절

고등학교가 후기 선발이니 한번 지원을 해보라고 하셨고, 나는 입학시험을 치루고 합격하여 양정고등학교에 입학하게 되었다. 조직폭력서클에서 탈퇴하려는 내 마음을 돌리기 위해 같이 놀던 형들과 친구들이 학교 끝날 때쯤이면 어김없이 찾아와 나를 회유했다. 웬만한 말로는 설득이 되지 않자, 형들과 친구들은 나를 으슥한 곳으로 끌고 가서 허구한 날 사정없이 때렸다. 하지만, 자존감을 찾은 내가 다시 그 세계에 들어갈 리 만무했다. 매일같이 찾아와 나를 때리던 형들과 친구들은 결국 나를 놓아주었다. 놓아주는 조건으로 내 손등에 형들이 칼로

새긴 조직 이름의 첫 알파벳 'T' 자는 아직도 내 손등에 주홍글씨처럼 남아있다.

다시 돌이켜봐도, 어떻게 그렇게 어린 나이에 혼자 살아낼 수 있었을까 싶지만, 그렇게 길거리에 홀로 버려지지 않았다면 절대 알 수 없었을 소중한 것들도 있다. 아무에게도 기대하지 않고, 내가 모든 걸 알아서 하는 것. 그저 자립심 강한 아이 정도로는 흉내조차 낼 수 없을 현실의 절박함이 내겐 있었다. 누구의 도움도 바라서는 안 되었다. 내가 할 수 있는 일이면 하고, 할 수 없는 일이라면 절대 바라서도 안 되었다. 그리고 사람은 누구나 다 똑같다는 사실도 나는 너무 어린 나이에, 너무 잘 알게 되었다. 길거리를 배회하는 불량배들이나 여인숙 옆방에 살던 술집에 나가는 누나들도 우리와 다 똑같은 사람이다. 그들이 삶의 무게를 이기지 못하고 잘못된 선택을 했다는 것은 분명하지만, 인생에서 선택의 기회는 여러 번 오고, 사람은 누구나 변할 수 있으며, 현재 그 사람이 어떤 모양을 하고 있더라도 본질은 다 같은 사람이라는 것을 나는 책으로 배운 것이 아니라 아주 어린 나이에, 냉정하고 절대적인 현실 속에서, 배우고 알게 되었다.

시(詩가) 내 삶으로 들어왔다

어쨌든, 그렇게 공부를 통해 나는 완전히 새로운 인생을 살게 되었다. 내 인생에서 '시(詩)'를 만난 것도 그 때쯤이다. 고 1때 우연히 들어간

고교재학시절 〈양정 문학의밤〉

신문반에서 내가 쓴 글을 눈 여겨 보던 선배들이 내게 문예반에 들어오기를 권했고, 나는 고등학교 1학년 2학기 때, 당시 서울 시내 문예반 아이들의 연합서클이었던 '향우문학회'에 가입하게 되었다. 당시 향우문학회에서 활동하던 선후배들 중에는 우리나라 문단의 걸출한 시인과 소설가가 여럿 배출되었는데, 그렇게 '시'를 알게 되면서 내 인생은 완전히 달라졌다.

서라벌예대는 서울대 문리대와 더불어 한국 문학의 사관학교라고 불릴 정도로 막강 문맥(文脈)을 자랑하는데, 김주영, 천승세, 유현종, 김

원일, 이문구, 조세희 등 한국 문단을 대표하는 수많은 문인들이 서라벌예대 문예창작과 출신이다. 그런데 당시 서라벌예대 문창과 선배들이 학교 끝날 때쯤 양정고 앞으로 찾아와 연배가 어린 나를 '김형'이라고 부르며, 함께 막걸리잔을 기울이며 문학에 대해 밤늦도록 토론할 만큼 나의 시는 인정을 받았다. '문학의 밤'에 자리하신 박목월 선생께서 '김승국의 시는 동년배에서 최고의 수준이다'라며 칭찬을 해주시기도 했고, 박목월 선생께서 집으로 직접 나를 부르셔서 밥을 먹이시기도 했고, 1969년, 그러니까 고등학교 2학년 때 내가 쓴 '이상의 오감도에 대한 분석'이 신문에 실리기도 했을 만큼 나는 시인으로서의 가능성을 인정받았다.

나의 시집 「쿠시나가르의 밤」과 월간 문학세계

나의 시집 「쿠시나가르의 밤」에도 실린 '거리에 서서' 라는 시는 고등학교 때 쓴 시 중 하나다.

거리에 서서

겨울나무 밑에서 하늘을 보면

하늘은 갈가리 찢기고

무의식의 헛간에

철근이 어지럽게 쌓인다.

바람에 찢기는 마음의 살점.

한 평도 차지할 수 없는

이 거리는

언제까지나 낯설고 추울 것인가.

창백한 거리,

시려운 세상에

시려운 가슴을

가난한 두 손으로 녹이면서,

땅속에 몸을 심고 서 있는 나무같이

안주하고픈 겨울 오후,

낙엽은

저마다 한 움큼의 소리를 움켜쥐고

아스팔트 위를 뒹굴고 있다.

온갖 좌절과 절망, 두려움과 상실감을 나는 시에 그렇게 토해냈다. 서러운 나의 유년시절을 보상받기라도 하려는 듯 나는 또 쓰고, 또 썼다. 시를 읽고, 시를 쓰는 것만큼 나에게 위안이 되는 것은 없었으며, 시를 통해서 나는 비로소 나 자신을 사랑하게 되었다. 공부를 통해 깨닫게 된 자존감은 시를 통해 극대화되었다. 나는 더 이상 내 삶이 비참하지도, 나 자신이 형편없게 여겨지지도 않았다. 나는 시를 통해 스스로를 귀하게 여기는 법을 알게 되었으며, 사람들을 사랑하는 법을 알아가게 되었다.

고등학교 1학년 때, 딱 한 번 아버지를 찾아간 적이 있다. 사는 게 너무 힘들어서 부대로 찾아간 나를 아버지는 울먹이며 반갑게 맞아주셨다. 그리고는 집에 가 있으면 아버지가 일을 끝내고 갈 테니 가서 기다리라고 하셨다. 새어머니의 눈총을 받으며, 그렇게 몇 시간을 기다린 아버지는 그러나 끝내 들어오시지 않았다. 아직도 그때 내 마음이 어땠는지 다시 떠올리기조차 싫을 만큼, 나는 깊은 상처를 받았고, 그렇게 내 마음속에서 아버지라는 존재를 지워버렸다. 그 이후로 나는 한 번도 아버지를 본 적이 없다. 작년에 아버지가 몇 해 전 돌아가셨다는 얘기를 우연히 전해 들었어도 아무런 회한도 남아있지 않을 만큼, 아버지는 내게 그런 존재다.

시를 통해 자존감을 찾게 되었지만, 자존감이 밥을 먹여주지는 않았다. 나는 고 3이 되었고, 중학교 1학년 때부터 그랬듯, 내 밥벌이는 내

다학 시절. 친구들과 함께(맨 우측)

가 해야 했다. 대학이라는 건 내겐 너무 사치였지만, 공부를 하고 싶다는 욕심에 나는 야간대학인 국제대학에 들어갔다. 그리고는 공무원 시험을 봐서 지금의 기상청인 관상대에서 공무원 생활을 잠깐 했다. 그러다 선배의 권유로 '월간 공간(SPACE)'의 편집부 기자로 일하게 되었다. 1966년에 창간된 공간지는 우리나라 문화예술의 담론을 주도해온 종합 예술지로, 당시 몇 명 안 되는 기자들이 매월 잡지를 발행한다는 것이 여간 어려운 일이 아니었다. 하지만, 문화예술전문잡지 기자로서의 프라이드는 엄청났다. 나는 그 시기에 음악, 미술, 건축, 문학을 가리지 않고 많은 작품을 접하고, 논하고, 습작했다.

아내와 결혼을 한 것도 그 즈음이었다. 결혼식 날, 아침에 일어나 혼자 미역국을 끓여먹고 식장으로 가던 일이 생생하다. 그 즈음, 나는 혼자 사는 게 지긋지긋했다. 외로움이 징그러웠다. 화목한 가정을 꾸리며 살고 싶었다. 결손가정에서 자란 사람들은 불행을 대물림한다는 얘기가 잘못된 것이라는 걸 증명해보이고 싶다는 강박도 있었던 것 같다. 그러기 위해서는 가급적 양보하고, 존중하고 배려해야 했다. 아이들에게 좋은 아버지가 되기 위해 아이들 어릴 때부터 학부모 모임에도 직접 가고, 많이 관심 가지려고 노력했고, 아내에게 든든한 남편이 되기 위해 장모님께도 많이 마음 쓰고, 책임감 있는 가장이 되기 위해 지금도 노력하고 있다. 다행이 아이들도 잘 자라주었고, 아내도 어머님을 모시고 살면서도 큰 불평 없이 내 곁을 지켜주고 있으니 감사할 따름이다.

국악과의 인연이 시작되다

잡지사 기자로 정신없는 세월을 보내던 어느 날, 당시 서울국악예술중·고등학교에서 교사로 있던 친구가 학교에서 하는 공연 티켓을 학생들 편에 보내왔다. 그 때 나는 클래식에 심취해 있었고, 국악은 어딘가 격조가 떨어지는 것 같기도 하고, 전혀 흥미가 없었지만, 친구가 학생들까지 동원해 오라고 한 자리여서 마지못해 참석을 했다. 그리고 그 자리에서 나는 큰 문화적 충격을 받았다.

국악이라고 해봐야 라디오 채널을 돌리다 우연히 듣게 되는 타령이나 민요가 전부였던 나는 그날 학생들이 연주하는 대취타, 종묘제례악 등을 접하며 국악에서 느껴지는 격조와 품격에 완전히 매료되었고, 그런 연주를 하는 국악예고 학생들이 정말 대단해보였다. '이런 음악을 하고, 이런 음악을 하는 아이들을 가르친다면 얼마나 행복할까?' 그 가치를 전혀 모르던 국악에 흠뻑 빠진 나는 대뜸 그런 생각을 했고, 마침내 옆자리에 앉아계시던 국악예고 교장선생님께 그런 나의 마음을 그대로 전했다. 교장선생님께서는 웃으시면서 내게 전화번호를 적어달라고 하셨다. 나는 대학에서 영어교육학을 전공하고 교직을 이수했었다. 영어를 배워두면 돈벌이에도 도움이 될 거라는 생각으로 선택했던 전

서울국악예술중·고등학교 교감 재임 시절

공이었지만, 내가 영어교사가 되리라고는 한 번도 생각해본 적이 없었다. 공연을 본 것이 11월 즈음이었는데, 겨울이 지나고 몇 달 후, 국악예고 교장선생님으로부터 연락이 왔다. 우리 학교에 영어 선생님 자리가 비니 한번 와보지 않겠느냐는 것이었다. 그렇게 해서 나는 서울국악예술중·고등학교 영어선생님이 되었다.

'시'를 만난 이후로 또 한 번 내 인생을 바꾼 '국악'과의 인연은 그렇게 시작됐다. 나는 아이들과 행복한 학창시절을 보냈다. 가난한 외톨이로 늘 겉돌고 자신 없는 학생이었던 나는 공부에는 전혀 취미가 없는 학생이 한심해 혼만 내는 선생님이 아니라 아이들에게 진짜 친구 같은 선생님이 되어주고 싶었다. 그리고 내가 한국인이면서도 국악이나 우

나의 멘토이신 홍윤식 박사님과 함께

리 전통문화에 너무 문외한이라는 사실에 대해 깊이 반성했다. 나는 열심히 공부했다. 당시 우리학교에 출강하시는 강사선생님들은 각 분야의 인간문화재들이 많으셨다. 나는 모시기 어려운 고수들과 만나면서 우리 전통문화에 대해 배우게 되었고, 더 제대로 공부하기 위해 대학원에 진학했다. 내가 전통문화를 공부하는 데에 결정적인 영향을 주신 분은 내 인생의 두 번째 스승이신 홍윤식 박사님이다. 홍윤식 박사는 내가 서울국악예술중·고등학교 교감으로 있을 때 교장으로 부임하셨는데, 우리나라 전통예술계의 거목이신 박사님께서는 전문적 역량과 예술적 안목을 높이기 위해서는 연구하는 자세와 끊임없이 정진하는 태도가 필요하다고 하시며, 대학원에 진학해 더 공부해야 한다고 하셨고, 틈날 때마다 내게 우리 전통문화에 대해 많은 이야기들을 해주셨다. 박사님은 문화예술 분야만이 아니라 나의 인생 전반에 걸쳐 아버지 같은 멘토가 되어주셨고, 사모님 역시 내게 어머니 같은 사랑을 베풀어주셨다.

학생 중에는 정해가 기억에 가장 남는다. '서편제'로 스타가 된 소리꾼 오정해는 중학교 때 이미 전주대사습놀이 학생부 판소리 경연에서 금상을 차지하고, 고등학교에 다닐 당시는 김소희 명창 집에 기숙하며 문하생으로 있었다. 어린 나이에 집을 떠나 살아서 그랬는지, 정해는 늘 조용하고 말이 없었다. 어딘가 그늘져 보이는 정해의 모습에서 나는 나의 어린 시절을 자주 떠올렸고, 어떻게든 정해에게 힘이 되어주고 싶었다. 공부 잘하고 잘사는 애들은 이상하게 눈에 잘 안 들어왔다. 내 눈에는 가난한 아이들, 학교에 마음 붙이지 못하는 아이들만 보였다. 나는 연습실에 늦게까지 남아 연습하는 아이들에게 커피도 타주고 라면도 끓여주며, 아이들과 늘 함께 지냈다. 학교에 있으면서, 나는 우리 학교가 사립학교라는 것이 늘 마음에 걸렸다. 그 때는 학생 중에 집안이 어려운 아이들이 참 많았고, 국립학교라면 아이들이 더 많은 혜택 속에서 마음껏 소질을 키워갈 것이라는 생각에 국립화 작업을 추진해나갔고, 2008년 우리 학교는 드디어 국립전통예술중·고등학교로 이름을 바꾸고 국립학교가 되었다.

내 학교처럼 생각하며 오랜 세월, 학교를 국립화하는 일에 올인했지만, 나는 30년간 나의 모든 것을 바쳤던 학교를 떠날 수밖에 없었다. 그러나 아무런 미련도 없었다. 어릴 때부터 습관이 되어서인지 나는 다른 사람이나 내가 한 일에 대해 아무 기대도 하지 않는다. 그저 나에게 주

한국문화예술회관연합회 임명식에서 고학찬 회장님과 함께

어진 일, 내가 해야 한다고 생각하는 일을 할 뿐이다. 비즈니스에 있어서도 마찬가지다. 서로에게 좋은 일이면 하는 것이고, 그렇지 않으면 할 수 없는 것이다.

사람들은 내게 어떻게 그 많은 일들을 해내느냐고 묻곤 한다. 나는 나의 특별한 능력 때문이 아니라, 내가 아무 것에도 기대를 하지 않기 때문이라고 대답하고 싶다. 기대는 욕심에서 비롯되고, 어그러진 기대는 원망을 낳는다. 그렇게 감정적으로 일을 하게 되면, 나중엔 일 그 자체의 의미는 퇴색되고, 상처뿐인 어리석은 인간만 남는다. 나는 학생들을 위해 내가 해줄 수 있는 일을 했을 뿐이고, 우리의 전통문화를 위해 해야 할 일을 했을 뿐이다. 노원문화예술회관 관장으로 갔을 때는 그 지역의 문화예술 발전을 위해 내게 주어진 역할에 충실했을 뿐이고, 이제 한국문화예술회관연합회 상임부회장으로서 내게 주어진 역할에 충실할 뿐이다. 단지, 나조차도 어쩔 수 없는 것 한 가지는 어렵고 힘든 사람에게 더 눈이 간다는 것이다.

국악예고를 떠나 전통공연예술연구소 소장으로, 문화재위원으로 일을 하면서도 우리 전통의 명맥을 이어가는 가난한 예술인들의 삶을 개선시키는 일에 가장 먼저 앞장섰고, 노원문화예술회관에 있을 때도 사교육이 아닌 공교육 안에서 아이들이 양질의 문화예술 교육을 받게 하면 좋겠다는 아이디어에서 시작해 '교과서 예술여행'이라는 프로그램을 만들어 학생들이 교과서에서 배우는 여러 가지 예술에 대해 창의적 체

험활동과 연계해 지역 문화회관에서 보다 심도 있고, 재미있는 교육을 받게 하기 위해 현장에 계신 선생님들과 프로그램 기획에서부터 진행에 이르기까지 머리를 맞대며 의논했고, 큰 호응을 얻어 현재까지도 범위를 확장하며 활발하게 진행하고 있다. 뿐만 아니라 '노원탈축제'는 누구나 평등하다는 탈의 상징성을 기본 아이템으로, 일반적인 구경하는 축제가 아니라 지역 주민들이 축제의 주체가 되도록 기획하여 첫해에 26만 명의 지역 주민들이 참가하는 행사로 시작해 해를 거듭하고 있다.

이처럼, 일의 본질에만 집중하면 아이디어는 무궁무진해질 수 있다. 나는 모든 일을 교과서적으로 원칙과 방향성을 분명히 하고, 일을 진행하는 과정에서 어떠한 꼼수도 쓰지 않는다는 두 가지 원칙을 분명히 지킨다. 그렇게 해야, 모든 일이 더 분명해지고, 더 즐거워지며, 누구와도 함께 할 수 있는 것이다. 나는 앞으로도 이러한 원칙들에 충실하며 우리 한국문화예술회관연합회가 지역 문화예술의 거점이 될 수 있도록 다양한 공연, 전시, 교육 프로그램들을 운영하고, 거기에서 그치는 것이 아니라 새로운 콘텐츠를 개발하기 위해 많은 구상들을 체계화시켜 갈 것이다.

생각과 뜻이 같고, 서로 좋은 효과를 나눌 수 있는 사람이라면 누구와도, 어느 곳과도 협업하며, 한 명이라도 더 많은 사람들이, 한 살이라도 어릴 때부터, 문화 예술을 가까이 하는 삶을 살 수 있도록 하는 데에

가족들과 함께

나의 열정과 능력을 다하고 싶다. 그리하여, 예술도 인생도 내려놓음을 통해 완성된다는 만고의 진리를 잊지 않는 냉철함과 창가에 이는 미풍에도 감사와 사랑을 느낄 줄 아는 시인의 마음으로, 내 삶에서 시가 그랬듯, 음악이 그랬듯, 그대들의 삶에도 문화와 예술이 위로가 되고, 그럼에도 불구하고 다시 꿈꾸는 삶을 살게 하기를…….

한국문화예술회관연합회
**김승국
상임부회장**

- 국제대학교 영어영문과 졸업, 동국대학교 문학석사, 동방대학원대학교 불교문예학과 박사
- 한국전통예술학회 이사, 사단법인 전통연희단체총연합회 상임이사, (사)전통공연예술연구소 이사, (재)서울예술단 법인이사, (사)한국국악협회 법인이사
- 동국대학교 한국음악과 겸임교수
- 황해도 문화재위원, 평안남도 문화재위원, 서울시 문화재위원회 위원장, 정부시상 공연예술경연대회 전통예술분야 평가위원, 제4기 한국문화예술위원회 책임심의위원
- 現 한국문화예술회관연합회 상임부회장, 前 노원문화예술회관 관장
- 문화재청 문화재전문위원, 문화관광부 전통예술정책수립 TF위원, 대한민국전통연희축제 자문위원, 부천무형문화엑스포 정책자문위원, 경기도문화재위원, (사)남사당보존회 이사장, 대한민국전통연희축제조직위원회 조직위원
- 저서 – 시상집 「쿠시나가르의 밤」

나눔의 기쁨만큼 고귀하고, 소중한 일은 없다.
사람들과 함께 고통도 행복도 함께 나누며
우리는 진정한 삶의 즐거움을 얻을 수 있다.

Part 3 사람과 나누며 즐거운 사람들

구도자의 마음을 가진 진정한 지도자
화성상공회의소 · (주)케이티를 민종기 회장

경제독립운동가를 꿈꾸는 大韓民國보험인
대한민국보험학교 김송기 대표

건강한 쌀로 지키는 대한민국 식량주권
(주)미실란 이동현 대표

07

구도자의 마음을 가진

화성상공회의소 · (주)케이티롤 민종기 회장

진정한 지도자

지도자란 무엇인가. 화성상공회의소 민종기 회장을 만난 내내, 아니 만남 이후에도 지도자란 무엇인가에 대한 화두가 머리를 떠나지 않았다. 자신을 '바보'라고 낮추기를 주저하지 않고, 평생을 나눔, 사랑, 청빈의 삶을 살았던 故 김수환 추기경은 살아생전 '정직'이라는 꿈이 사라져 가는 세상을 안타까워하며 이렇게 말하곤 했다. "치유는 뭐 달리 없죠. 우직한 게 필요해요. 내가 우직이라고 표현하는데, 우직한 사람은 정직해요."

"사회적 기업이 따로 있는 것이 아니라 나는 모든 기업이 사회적인 기업이어야 한다고 생각합니다. 내가 꿈꾸는 기업의 모습은 사회적 기업의 형태입니다. 사회적 기업에 정해진 틀이 있는 것은 아닙니다. 주변을 돌아볼 줄 알고 사회와 같이 어울릴 수 있는 기업이면 되는 것이죠. 나는 회사의 수익이 얼마가 나더라도 무조건 수익의 15%를 먼저 직원들 몫으로 돌리고 있습니다. '무엇이 먼저인가'의 문제에 집중하다 보면 해답이 보이

죠"라고 우직하게 말하는 민종기 회장의 모습에서 자연스레 돌아가신 김수환 추기경의 모습이 겹쳐보였다. 그의 이야기를 듣다보면 그가 과연 대한민국의 중소기업인인가 의아해진다. 은퇴 후 소년소녀가장들을 지원하는 사회사업가로 일하고 싶다는 그의 인생 이야기를 들으면서 가장 먼저 떠오르는 단어는 '정직', '청렴'이다. 그가 기업가라기보다 성직자, 구도자 같다는 생각을 했던 이유다.

1967년 회사에 입사할 당시 50원을 주고 새겨 만든 막도장을 지금도 회사 결재와 통장 거래에 사용하며, 1999년부터 지금까지 매일 두 개씩 경제지 칼럼을 타이핑하며 경제공부를 한 것이 책으로 100여권에 달하고, 화성상공회의소 회장으로 부임하면서 '나 자신을 위해서는 단 1원의 공금도 사용하지 않겠다'며 자신의 경비는 모두 개인부담하고, 회원사들이 낸 회비를 누구도, 어떤 명분으로도, 절대 개인적으로 유용하지 않도록 개혁에 개혁을 거듭하고 있는 그는, 과연 그런 사람이 있을까 싶던, '털어서 먼지 하나 안 나는' 사람이다.

자신의 내면을 키우기 위해 일한다는 일본 교세라의 이나모리 가즈오 회장처럼, '일'이야말로 스스로를 단련하고, 마음을 갈고닦으며, 삶의 중요한 가치를 발견하기 위한 가장 중요한 행위임을 누구보다 잘 알고 있는 민종기 회장은 마치 자신의 직관과 성찰에 대한 날카로운 확신을 가진 '셜록'을 연기하는 베네딕트 컴버배치처럼, '왜 일하는지, 무엇을 위해 일하는지, 왜 사는지, 무엇을 위해 살아야하는지'에 대해 너무나도 확고하게 이야기를 풀어나갔다. '일은 힘든 것'이라는 개념 자체가 그에게는 없다. 열심히 일해야 좋은 마음이 생겨나고, 좋은 일은 좋은 생각에서 생겨난다고 생각하며, 깊고 겸손한 성찰의 힘으로 자신이 맡고 있는 조직을 바르고 정직하게, '잘' 이끌어가는 우리시대가 진정으로 요구하는 지도자. 고희를 바라보는 그의 행보가 어떤 훌륭한 젊은이의 행보보다 더 기대되고, 더 열심히 응원하고 싶어지는 이유다.

화성상공회의소 · (주)케이티롤
민종기 회장

지나가는 행인들에게 잠잘 곳과 먹을 것을 내어주시던 어머니

나는 전라남도 화순에서 5남매 중 막내로 태어났다. 보통학교를 나와 신학문을 공부하고 면사무소 직원에서 시작해 면장까지 지낸 엘리트이셨던 아버지의 양복 입으신 모습은 어린 시절의 추억 속에서 강한 인상으로 남아있다. 어린 내게 아버지는 늘 아는 것 많고, 똑똑하고, 멋지고, 세련된, 자랑스러운 분이셨다.

막내인 나를 유독 사랑하셨던 어머니는 6.25가 끝나고 모두가 못살던 시절, 그 어려운 가운데도 늘 더 어려운 사람들에게 먹을 것과 잠잘 곳을 내놓으시던 분이셨다. 명절에 떡을 하면, 식구들이 먹을 것만이 아니라 동냥을 하러 드나드는 걸인들을 위한 떡까지 항상 넉넉히 준비하시고, 마른생선에서 꿀까지 집집마다 찾아다니며 보따리를 머리에 이고 오는 보따리장사 아낙네들에게, 여자는 남정네들처럼 주막집에서 하루 묵을 수도 없으니 우리 집에서 재워야한다며 늘 잘 곳과 먹을 것을 내어주시던 어머니 때문에 잘 곳 없는 행상들이 하룻밤 묵을 만한 곳을 물어보면 동네 사람들이 모두 우리 집을 가리키며 '저 기와집에 가보라' 고 할 정도였다.

그런 넉넉한 어머니가 나는 좋았다. 보따리 장사 아줌마들이 고마운 마음에 내게 꿀도 퍼주고, 맛난 것도 쥐어주시면서 입에 침이 마르도록 어머니를 칭찬하시는 것이 참 좋았다. 그래서일까. 나는 내가 좋은 옷을 입고 맛난 것을 먹는 것보다 입을 것과 먹을 것이 필요한 사람들에게 그들이 필요한 것을 나누는 일이 훨씬 즐겁다. 우리 회사 직원들, 우리 상공회의소의 어려운 기업들이 조금이라도 혜택을 누릴 수 있는 일에 머리를 쓰고, 기회를 찾을 때 가장 행복하다.

교육열이 강하셨던 부모님은 내가 11살 되던 해, 서울대를 나와 서울에서 결혼해 살고 있는 큰 형님 댁에 나를 올려 보내셨다. 어릴 적부터 워낙 건강하고 힘이 좋아 대장노릇을 도맡아 하던 나는 초등학교 5학년 때부터 무한한 사랑을 주시던 어머님의 품을 떠나 낯선 도시생활을 시작했다. 그때 내게 주어진 사명은 단 한가지였다. '형님처럼 열심히 공부해서 좋은 대학에 가고, 출세해서 부모님을 기쁘게 해드려야겠다.' 영등포 영남초등학교 6학년 시절부터 나는 집에 돌아오면 조카들을 업어주거나 돌봐야 했고, 그러면서 자연스레 어른스러워졌던 것 같다. 제때 등록금을 내주지 않는 형님이 야속할 때도 있었고, 서럽게 어머니가 보고 싶은 날도 있었지만, 나는 중·고등학교 내내 학교를 파하면 청소당번이 청소를 하는 동안, 운동장에 앉아 아이들이 야구 연습하는 걸 보다가 다시 교실로 들어가 혼자 남아 공부를 하고 올 정도로 열심히 공부했다.

학창시절

고등학교 2학년 때였다. 3일간 한잠도 안 자고 시험공부를 하던 나는 화장실에서 쓰러져 의사선생님이 왕진을 오신 일도 있을 정도로 완전한 노력파였다. 그렇게 노력한 끝에 연세대 상대에 지원했지만, 떨어지게 되면서 나는 속으로 '아, 나는 공부로는 성공을 못하겠구나' 하는 생각을 했던 것 같다.

19살에 시작한 사회생활

나는 졸업과 동시에 형님이 운영하시던 회사의 경리직원으로 들어갔다. 큰 형님께선 서울대를 나오셨는데, 그때는 두 형이 함께 회사를 운영하셨고, 믿을 만한 경리 직원이 필요한 시점이었다. 상고를 나왔다고는 하지만, 19살의 나이에 자금사정이 어려운 회사의 경리일을 도맡는다는 것은 여간 어려운 일이 아니었다. 무척 부지런하신 큰 형님은 오전 7시까지 회사에 출근을 하셨기 때문에 나는 일찍 회사에 나가야 했고, 통금시간인 12시까지 업무가 끝나지 않으면 회사에서 자야할 만큼 과도한 업무에 시달려야 했다.

부도를 막기 위해 은행 직원과 대치하는 일이 한두 번이 아니었고, 돌아오는 어음을 막느라 한숨도 못자고 뜬눈으로 밤을 새는 날이 여러 날이었다. 결국 형님의 회사는 3년 만에 부도가 났고, 나는 그 혹독한 3년 동안 냉혹한 세상을 정면으로 마주보게 되었다. 중간에 야간대학을

신입사원 시절

다니기도 했지만, 회사 업무가 많아지면 관두기를 반복해야 했고, 다른 친구들처럼 제때 대학을 가지 못했다는 안타까움이 나를 오늘날까지 배움에 굶주리게 하여, 고려대 경영대학원, 카이스트 정보통신 최고과정을 마쳤을 뿐만 아니라 그 후 IGM 세계경영연구원을 6년째 다니면서, 늘 읽고 배우게 만들었는지도 모른다.

부도가 난 회사는 은행에서 인수를 했고, 나는 그 회사에서 2년 더 실무자로 일했다. 그리고 1974년, 나는 들어두었던 보험금 4만원을 자본으로 유통업을 시작했다. 남의 건물 1층 계단 끝에 달랑 책상 하나와 전화기를 놓고, 2층 복도까지 청소해주는 것으로 자릿세를 대신했다. 나는 고철을 사다가 되파는 일을 했다. 한번은 구로공단의 한 기업이 제작한 칠면조구이판이 불량으로 수출이 되지 않자 고철 값을 받고 넘기는 일이 들어왔는데, 100톤에 가까운 그 불판을 나 혼자 하루 종일 트럭에 실었던 기억이 난다. 인건비를 아끼려면 그렇게 하는 수밖에 없었다. 아침 9시부터 시작한 일은 오후 5시에야 끝이 났고, 나는 그 길로 막차 버스를 타고 대구로 내려가 다음날 아침 일찍 짐을 내리고 대금을 받아왔다. 온몸이 쑤셔서 제대로 걷지도 못하던 그 때, 내 나이 스물일곱 정도였을까. 그것이 나의 첫 회사 신양주공의 시작이었다.

그렇게 대기업에서 처분한 쇠를 구입해 중소기업에 납품하는 일을 하다가 아령을 생산하기 시작했는데, 좋은 제품에 대한 고민 같은 것은 없었다. 단지 만들기 쉬운 공정 때문에 선택한 아이템이었다. 요즘은 제품 생산에 3개월이 걸리지만 당시에는 오전에 쇳물을 부어 오후에 완성해 납품하던 시절이었다. 마침 전국적으로 '체력은 국력' 붐이 일었고, 아령은 날개 돋친 듯이 팔려나갔다. 아령 생산 2년 만에 1,500평의 땅을 매입할 수 있을 정도였다. 내 인생에서 짧은 시간 그렇게 돈을 많이 번 때는 또 없었다. 경영이라는 개념에 눈뜬 것은 오히려 그 이후였다.

30년 만에 다시 찾은 모교, 그리고 선린역사관

그렇게 나는 신양주공에서 태안금속으로, 케이티롤로 40년 가까이 기업을 운영해오고 있다. 힘들었던 이야기를 하자면, 매 순간이 힘들었다고 말할 수도 있겠지만, 나는 처음부터 일이 힘들다는 생각을 하지 않았던 것 같다. 일할 수 있는 게 좋았고, 제대로 일을 열심히 하기 위해서는 허투루 할 수 있는 여유 시간이 전혀 없었다. 회사는 조금씩, 천천히 날로 성장하여 코스닥에 상장까지 되었지만, 나는 친구들을 만날 시간도, 골프를 칠 시간도 없었다. 매일 일하고 부족한 부분을 공부하려면 주말에도 회사에 나와야 했고, 그것은 지금도 마찬가지다. 달라졌다면, 주말 하루 정도는 사업상 거절할 수 없는 골프 라운딩에 참여하는 정도다.

모교인 선린상업고등학교를 다시 찾은 것도 어느 정도 회사의 기반이 다져진 50세 즈음, 모교 30주년 행사에 우연히 참여하면서부터였다.

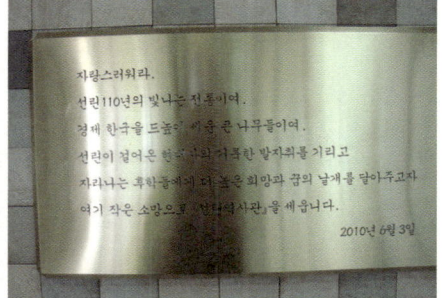

사재를 출연해 모교에 만든 '선린역사관'

선린상고 동문장학회 현판식에서(우측에서 세 번째)

30년 만에 다시 찾은 교정. 청소가 끝나기를 기다리며 앉아있던 운동장 스탠드에 가만히 앉자니 가슴 깊은 곳에서 뭉클한 무언가가 솟구치는 것 같았다. 어느 날, '선생님이 너희들에게 돈 버는 법을 가르쳐 주겠다'며 하시던 이야기, 내가 50년 동안 하나의 도장을 소중하게 사용해온 계기가 되었던, 인감의 중요성에 대해 무섭게 얘기하시던 선생님의 이야기가 떠오르면서 감회가 새로웠다. 나는 그 뒤로 동창회도 나가고, 동창들과도 가끔 만났고, 정확히 10년 뒤, 선린상업고등학교 총동창회 회장직을 맡게 되었다. 동문 중에는 나보다 돈을 많이 번 친구들도 많았고, 훌륭한 인물들도 워낙 많아 쉽게 수락할 수 없었지만, 모교를 위해 봉사하겠다는 마음으로 어렵게 받아들인 자리였다.

그리고 나는 동문회의 존재 이유가 단순한 졸업생들 간의 친목도모가 아니라 모교의 발전에 있음을 명확히 하고, 자본금 5억을 출연하여 동문후원 장학재단을 만들고, 재학생과 졸업생의 멘토 맺기, 야구 후원의 밤 등을 열어 모교와 후배들에게 조금이라도 더 많은 지원을 할 수 있도록 노력했다. 3년간 열심히 일하고 회장 직에서 물러나면서 나는 우리나라 야구의 산 역사였던 우리 학교를 위해 사재를 털어 선린역사관을 만들었다. 4층 구석에 처박혀있던 트로피, 메달, 각종 역사적 증거들을 한데 모아 학교 1층 입구에 만든 역사관에는 117년 선린상업고등학교의 역사가 살아 숨쉬며, 전 졸업생의 이름이 명예의 전당에 새겨져 있다.

세 번의 위기, 세 번의 기회

아무리 경험을 바탕으로 원칙을 중요시한다고 허도 사업 하는 사람으로서 나 역시 위기를 피해갈 수는 없었다. 하지만 인생에 있어서의 위기란 가던 방향을 잠시 꺾어 새로운 길을 열어주는 터닝포인트가 되기도 한다. 그 첫 번째는 세계 유류파동이 있던 1970년대 후반이었고 두 번째는 IMF 경제위기였다. IMF 때는 당시 거래하던 14개 업체 중 9개 업체가 부도가 났다. 세 번째는 두 경우에 비해 직격탄은 아니었지만 2008년 금융위기였다. 매출은 늘어나지 않고 제자리걸음만 했다. 하지만 혁신과 발전은 내부로부터 나온다. 실패를 두려워하고 그냥 흘려보내면 실패는 실패로 끝난다. 실패의 원인을 분석해 다음에 또 저지를 수 있는 시행착오를 줄이는 것이 가장 중요하다.

38년 주물 분야에 종사하면서 깨달은 진리가 하나 있다. 바로 좋은 재료를 녹여야 좋은 제품이 나온다는 사실이다. 삼류 재료로는 절대 일류 제품을 만들 수 없다. 나 자신부터 일류가 되지 않으면 절대로 일류가 될 수 없다는 신념, 그것이 여러 번의 큰 고비를 맞고서도 케이티롤을 건재하게 한 힘이다. 젊은이들에게도 이 말만큼은 꼭 해주고 싶다. 이따금 너무 안일하고 쉽게 살아가려는 사람들을 보게 된다. 업무 시간에 골프 치고 술 마시고, 이는 결국 도전정신 없이 쉽고 안일하게 살아가려는 마음에서 비롯되는 행동이다. 특히 아직 청년이라면, 항상 도전하고 깨어 있어야 한다고 말하고 싶다. 항상 깨어 있으려면 철저한 시간 관리는 기본이다. 자신의 시간은 자기가 관리하고 디자인해야 한다. 아침에 하루 일정을 짜는 습관은 그래서 매우 중요하다. 낭비되는 시간까지 자기 시간으로 주워 담아야 일류로서의 삶을 살아갈 수 있다.

나라는 사람은 어찌 보면 완벽한 것만 좋아하는 원칙주의자일 수도 있다. 그래서인지, 나는 어느 조직에 속하든 꼭 하나는 완전히 바꿔놓고 나와야 적성이 풀린다. 그러다가 덜컥 발을 들여놓게 된 자리가 바로 이곳 화성상공회의소 회장 직이다. 게다가 이곳은 내가 근 20년을 몸 담았던 조직이 아닌가. 미운털이 박힐지언정 혁신을 외치지 않을 수 없었다. 어떤 자리에서도 그랬듯이 나는 그 자리에서 해야 할 역할에 충실했고 정도를 걷고자 노력했다. 그러다 보면 늘 부딪침이 있었다. 이런 나의 성격 때문에 아내로부터 늘 '적당히 하라'는 핀잔을 듣기도 하지만 원칙이라는 것은 처음 정하는 과정이 어렵지 일단 정해진 후에는 이보다 더 쉬운 운영 방식이 또 없다. 무조건 원칙대로만 하면 되는 것이다.

매일 철학하는 시간, 5km 걷기

나는 매일 저녁 집 주변을 산책한다. 하루에 걷는 거리가 5km 정도이니 산책이라기보다는 운동에 가깝다고 할 수 있겠다. 매일의 5km 걷기 운동을 거르지 않는 이유는 크게 두 가지다. 하나는 몇 년 전 디스크 초기라는 진단을 받은 후 내 건강을 위해 시작한 일이고, 또 하나는 내 하루 일과를 마무리하는 숙제라고 생각하기 때문이다. 바쁜 하루를 마친 후 걷는 이 시간은 하루 중 유일하게 완전한 나만의 시간이다. 기업체 CEO로서 또 화성상공회의소 회장으로서, 그리고 크고 작은 각종

아내와 함께

모임의 일원으로서의 나를 내려놓고 인간 민종기를 들여다볼 수 있는 시간. 나도 모르게 흐트러졌을 수도 있는 생각과 슬며시 밀려들 수 있는 욕심을 발견하고 나를 돌아보고 성찰할 수 있는 유일한 시간. 그래서 나는 이 시간만큼은 아내와의 동행도 마다한다. 아내와 도란도란 이야기하며 함께 걷는 재미도 좋겠지만 그러다보면 어쩔 수 없이 생각이 분산되고 나를 반성하는 일을 외면하게 된다. 아내와의 시간은 이후로 잠시 미루고, 나는 말없이 걸으며 나의 내면을 들여다보는 일에 집중한다. 나는 오늘 하루를 의미 있게 살았을까. 내 지난 시간들에 헛된 욕심이 있지는 않았을까. 하루에 한 번 나를 향해 던지는 질문들은 매일 나를 단단하게 한다.

생각해 보면 화성상공회의소 회장으로 지내기 시작하면서 나는 이제까지와는 다른 전혀 새로운 삶을 살고 있는 셈이다. 40년에 가까운 세월을 기업인으로만 살아왔던 나다. 그 동안 있었던 크고 작은 고비들과 에피소드들을 다 이야기하라고 하면 아마 책 한 권으로도 모자랄지도 모른다. 그리고 화성상공회의소 회장이 된 지금, 내가 해야 할 일은 나와 같은 사람들의 입장을 헤아려 화성 지역 상공인과 기업체들의 매출 증대를 진작하고 화성시 경제 발전에 기여할 수 있도록 물꼬를 터주는 일이다. 회장으로서 화성상공회의소 회원들을 바라보는 마음이 남다를 수밖에 없다.

처음 상공회의소 회장으로 선출됐을 때 가장 먼저 들었던 생각은 '욕을 먹더라도 바꾸자!'는 것이었다. 오랜 기간 접해온 상공회의소의 모습에서 이대로는 안 되겠다는 생각이 들던 참이었다. 무엇보다도 운영위원 구성에 변화를 줘야 했다. 현재 화성상공회의소의 의원들은 약 70여 명, 그중 회장단 및 상임의원 등 운영위원이 약 18명으로 구성돼 있다. 전체 의원들에게는 상공회의소 회장 및 운영위원 피선거권이 있다. 상공회의소 의원이라면 누구나 회장이 될 수 있다는 뜻이다. 하지만 운영위원 및 회장 선출에 명확한 기준이 없다보니 회장과 운영위원 구성은 늘 일정한 틀에서 벗어나지 못했다. 심지어 한 사람이 약 15년 동안 상공회의소 회장 직에 있는 경우도 있었다. 할 수 없이 내가 나서서 칼을 빼들었다. 운영위원 선출에 아예 원칙을 정해버린 것이다.

화성상공회의소 변혁의 바람

일단 업체 규모와 회비 납부 상황을 살폈다. 상공회의소의 예산은 상당 부분이 회원들의 회비로 운영된다. 회비 납부가 활발한 업체가 운영위원 후보에 오르는 것은 당연했다. 또한 업체 규모가 클수록 화성지역 상공인들을 대표로 활발한 외부 활동을 하기에 적합하다는 현실 또한 무시할 수 없었다. 두 번째로 정한 기준은 나이였다. 물론 연령대가 높으면 무조건 안 된다는 뜻은 아니지만 대부분의 운영위원이 60대인 상황에서 새로운 바람을 불러일으킬 젊은 사람이 필요하다고 판단했다. 마지막으로 중요하게 본 부분은 봉사하겠다는 마음이 있느냐는 것이었다. 자신의 이익을 위해 이름만 걸어 놓을 사람이어서는 안 될 일이었다. 기준을 정해 놓으니 70여 명의 의원 중 운영위원 후보에 오른 사람들의 윤곽이 비교적 명확하게 잡혔다. 그중에는 17년 동안 화성상공회의소에서 활동해 온 내가 잘 모르는 사람도 있었다. 개별적으로 연락해 의사를 물었고 그렇게 새로운 운영위원단이 구성됐다.

이후 기존 의원들의 반발이 불거졌다. 기존 운영위원들의 이해관계를 고려하지 않고 백지에서 시작했던 일이니 의원들 입장에서는 어찌 보면 당연히 터져 나올 수밖에 없는 불만이었을 것이다. 하지만 의도한 바는 아니더라도 변화 없는 운영위원단의 의사 결정 과정에서는 어쩔 수 없이 밀실 결정이라는 폐해가 따른다. 결정된 사항의 통보와 총회 업무보고 역시 마찬가지다. 전체에 공개되지 않고 한 두 사람의 동의로, '적당히'가 용인된다는 의미다. 이러한 분위기의 화성상공회의소에 가장 필요한 것은 혁신이었다. 혁신을 위해서는 말 그대로 가죽을 벗겨내는 아픔이 뒤따를 수밖에 없다. '내가 왜 이 짓을 하고 있나?' 하는 생각이 들지 않은 것은 아니다. 하지만 언젠가는 거쳐야 할 일이고 문제점을 통감하고 있던 내가 바로 그 일을 해야 할 사람이라는 생각에 내 모든 판단을 맡겨 버렸다.

취임 후 추진한 또 하나의 개혁은 예산과 관련돼 있다. 오랜 기간 봐온 상공회의소 예산 운영에서 문제점이 발견됐고 이는 당장 나와 직접적으로 관련된 일이기도 했다. 나는 화성상공회의소 회장이 된 후 내 앞으로 할당된 예산을 화성상공회의소 예산으로 돌렸다. 그리고 내 사비

케이티롤에서 생산하는 롤 제품들

를 넣은 운영비 통장을 예산 실무자에게 건넸다. 내가 상공회의소 회장으로서 쓰는 비용 중 회장 공금으로 사용해야 할 항목이 있다면 그것을 내 사비가 입금 돼있는 통장에서 충당하라는 것. 이유는 간단하다. 상공회의소 예산은 내가 개인적으로 쓸 돈이 아니기 때문이다. 내가 화성상공회의소 회장으로 일하는 동안 내게는 명예나 소위 '이름값' 이전에 부여된 의무가 있다.

화성지역 상공업 및 지역사회 발전을 위해 설립된 화성시 경제단체의 장으로서 회원으로 가입한 기업들의 발전, 나아가 화성지역 경제 활성화에 앞장서야 할 의무가 바로 그것이다. 그러기 위해서는 화성시 기업들의 대변자가 돼야 하고 기업들의 어려움을 해결해주는 데 힘써야 한다. 그런 일을 하기 위해 회원사들로부터 회비를 받는다. 즉, 회원사들로부터 받은 회비는 모두 회원사들의 발전 및 지역 경제 활성화를 위한 업무에 써야만 한다. 일부 소수의 이익이나 편리를 위해 사용돼서는 안 될 일이다.

흔히 정부 지원을 받는 기관의 예산을 두고 '눈 먼 돈'이라는 표현을 하곤 한다. 내가 가장 싫어하는 말이다. 더군다나 내가 회장으로 있는 화성상공회의소의 예산이라면 눈 먼 돈이 아니라 '눈 많은 돈'이 돼야

코스닥 상장 기념식에서

한다. 일단 내가 먼저 나서서 혁신이라고 일을 벌이다보니 우리 구성원들 역시 나의 방침을 따를 수밖에 없다. 단돈 만 원이라도 합당하게 사용된 것이 아니라면 나는 결재를 하지 않는다. 우리 회원사 중 가장 규모가 작은 소기업의 회비가 1년에 30만 원이다. 화성상공회의소 전체 예산으로 보면 만 원이 별 것 아닌 금액일 수도 있지만 그 회원사 입장에서는 1년 회비의 1/30에 해당하는 금액이다. 단 한 푼도 허투루 쓸 수 없는 이유다.

내가 평일 골프를 치지 않는 이유도 같은 맥락이다. 우리 상공회의소 의원들의 골프 모임이 있을 때만 가끔 저녁에 얼굴 비추는 정도다. 나로서는 중소기업을 운영하는 입장에서 골프 모임에 시간을 내기가 여간 어렵지 않기 때문이다. 나같은 사람은 화성상공회의소 일에 내 사업체 일에, 하루 종일 매달려 있어도 시간이 모자라다.

다행히 화성상공회의소에도 이제 혁신의 의미가 정착되는 분위기다. 알고 보면 상공회의소의 혁신이라는 것이 특별히 어려울 것은 없다. 상공회의소라는 공동체가 회비를 걷어 운영된다면 그 회비를 회원들을 위한 서비스로 돌려줘야 한다는 것, 이 개념에만 집중하면 된다. 내가 하는 시도들은 이러한 서비스의 개념을 정립하기 위한 과정이다. 예컨대 6개월에 약 400~500만 원이 지원되는 청년인턴 지원사업이나 수출 촉진을 위한 외국 전시회 참가비 지원금 최대 500만 원 등에 활용할 수 있는데, 이러한 지원사업의 혜택을 받는 기업 입장에서는 우리 상공

우수자본재개발유공자포상식에서(맨 우측)

회의소에 낸 1년 회비 이상의 혜택을 받는 셈이니 그 의미가 훨씬 크다고 할 수 있다.

상공회의소라는 공동체는 소기업들에게는 멀기만 한 존재다. 그걸 좁혀나가는 일이 상공회의소의 할 일이다. 소기업들이 거리낌 없이 상공회의소의 문을 두드릴 수 있게끔 상공회의소가 먼저 나서야 하고 혹시 억울한 일이 있다면 적극적으로 풀어줘야 한다. 특히 올해는 수출 촉진을 위한 사업에 좀 더 주력할 예정인데, 수출이 곧 매출과 직결되는 특성상 회원사들의 매출을 증대시키기 위해 상공회의소가 할 수 있는 일 중 하나가 수출 촉진을 위한 사업 지원이기 때문이다. 올해는 수출 지원 관련 예산도 대폭 올렸다. 수출과 관련 없는 업체들의 경우는 다른 회원사들과의 교류를 위한 전시회 지원 등을 통한 매출 증대에 역점을 둘 예정이다.

올해 주력할 사업 두 번째는 교통 등 인프라 문제를 해결해 화성 지역 고용을 촉진하는 일이다. 화성 땅의 넓이는 서울의 2.4배로 굉장히 넓은 편이다. 인구 역시 경기도에서 가장 빠른 성장세를 보이는 도시지만, 각종 시설들이 산재하다 보니 규모에 비해 교통의 효율성이 낮은 편이다. 이는 고용 문제의 어려움으로 직결된다. 출퇴근이 편리한 지역의 고용이 좀 더 활발하다는 것은 당연한 일이다. 따라서 교통과 인프라 문제 해결을 위한 노력을 지속하는 한편 산학 연계를 통한 취업박람회 개최 등 고용 활성화에도 상공회의소가 해결책을 내놓아야 할 것이다.

마지막으로 주력할 사업은 바로 CEO 교육이다. 물건만 만들어 놓으면 돈 벌던 시절은 이미 지났다. 혁신된 제품이 아니면 경쟁이 불가능한 상황이며 제품 혁신을 위해서는 끊임없는 아이디어가 필요하다. 특히 CEO의 아이디어가 가장 중요하기 때문에 CEO들을 위한 교육은 반드시 진행돼야 한다. 화성상공회의소에서는 IGM 세계경영연구원과 MOU를 체결, CEO들을 위한 위탁 교육을 실시하고 있다. 나 역시 IGM의 교육을 받고 있다. 정보와 지식을 얻는 일에는 끝이 없는 법, 이력에 도움 되는 지식 습득도 중요하지만 당장 우리 앞에 놓인 당면 과제, 현장에서의 문제점, 경영에 필요한 부분 등에 대한 정보를 습득하는 것은 특히 중소기업 CEO들이 꼭 유념해야 할 일이다.

리더가 훌륭해야 조직이 산다

일단 조직이 잘 굴러가기 위해서는 그 조직의 CEO는 존경 받는 사람이어야 한다. 구성원들은 나를 존경해야 하고 대단한 사람이라고 여겨야 한다. 그러기 위해서는 먼저 CEO가 그런 역할을 할 수 있는 사람이 돼야 한다. 모범을 보여야 한다는 말로 표현할 수도 있을 것이다. 앞서 평일 골프를 치지 않는다는 이야기를 하면서 도통 시간이 나지 않는 답답함을 토로한 것도 이런 이유에서다. 나는 현재 공식적으로 케이티롤 CEO와 화성상공회의소 회장을 겸하고 있지만 어느 한 곳이라도 소홀히 여긴 적이 없다. 외근이 필요한 날, 회사에 출근하지 않고 현지 출근을 하는 경우도 거의 없으며 상공회의소 일로 회사 복귀가 어려운 상황이 되면 늦은 저녁에라도 반드시 들른다. 나를 바라보는 직원들은 '장말 대단한 사람이야'라고 느껴야 하고 그 과정에서 리더십은 저절로 발현되는 것이라고 본다. 항상 내가 앞장서고 솔선수범하기 때문이다.

두 번째, 수익을 목적으로 경제 활동을 하는 기업일수록 가치 경영이 중요하다. 내가 회사를 유지해온 가장 중요한 가치는 '좋은 제품을 만들어 대한민국 철강 산업 발전에 기여하겠다'는 것이었다. 회사의 발전, 나아가 국가 발전에 있어서 작은 역할이라도 나는 내 역할을 다하겠다는 것, 그것이 나의 가치였고 지금까지도 그 방침에는 변함이 없다. 기업이 성장하고 자산을 늘리고 수익을 창출해야 하는 시점일수록 이러한 가치 부여가 굉장히 중요하다.

집무실에서

나 역시 처음 사업이라는 것을 시작할 때는 비용 절감과 수익을 위해 안 해본 것이 없다. 남들이 해본 것은 아마 한 번씩은 다 해본 것 같다. 투명하지 못한 운영도 당연히 있었다. 하지만 몇 번의 위기를 겪고 다시 제2 창업을 하며 지금의 케이티롤 모습을 갖추게 되는 동안 나는 투명하지 못한 경영에는 빈틈이 있을 수밖에 없다는 것을 느끼게 됐다. 모든 것이 투명해야 한다. 그렇게 되면 어떠한 문제가 발생하더라도 그 상황에 적합한 해결책을 도입할 수 있다.

최근 내가 꿈꾸는 기업의 모습은 사회적 기업의 형태다. 사회적 기업이란 주변을 돌아볼 줄 알고 사회와 같이 어울릴 수 있는 기업이면 된다. 끊임없이 변화하고 늘 깨어있는 회사, 그런 회사가 바로 사회적 기업이다. 이를 위한 시도 중 하나로 나는 전 직원의 주인의식 고취를 위한 수

익 나눔을 시작했다. 회사 수익이 얼마가 나더라도 무조건 수익의 15%를 먼저 직원들 몫으로 돌리는 방식이다. '무엇이 먼저인가'의 문제에 집중하면 해답이 보인다.

나는 한 기업의 CEO, 한 조직의 수장은 오거리 교통경찰과 같은 역할을 해야 한다고 말하고 싶다. 교통경찰은 교통 흐름이 막힌 곳을 먼저 해결한다. 막히는 곳으로 달려가 먼저 잘 뚫리도록 해줘야 전체 도로의 소통이 원활해진다. 만약 어느 한 쪽이 막히건 말건 높은 사람이 지나간다고 그곳의 소통만 신경 쓰다가는 도로 자체가 마비될지도 모르는 일이다. 어떤 식으로든 다른 이에게 피해를 주는 일은 죄악이다. 하물며 교통경찰의 임무는 끊임없이 소통하며 불편한 부분을 해결해주는 것이지 오히려 불편을 초래해서는 안 되지 않겠는가? 그것이 바로 CEO라는 위치에 있는 사람의 역할이기도 하다.

아마 화성상공회의소를 잘 아는 사람이라면 과거 상임위원회가 얼마만에 한 번씩 열렸는지 잘 기억하고 있을 것이다. 내가 취임하기 전 상임위원회는 1년에 한 번 아니면 두 번 열리는 것이 전부였다. 하지만 요즘은 2개월에 한 번씩 상임위원회가 개최된다. 그 목적은 의원들을 대상으로 한 보고의 자리를 더 자주 마련하기 위한 것이다. 운영을 공개하고 조직이 투명해지면 조직은 활성화되기 마련이다. 그렇게 되면 자연스럽게 따라붙는 장점이 또 하나 있다. 조직 내 책임 운영이 가능해진다는 것이다. 공동체가 크건 작건 조직 업무는 철저하게 팀장 책임 운영제로 이뤄져야 한다. 전체적으로 회장의 경영 방침을 지키되 실무로 움직이는 부분은 젊은 팀장들이 효율적으로 진행하는 방식이다. 적어도 내가 대표로 있는 회사나 상공회의소는 이러한 시스템을 잘 지켜나가고 있다.

진정한 명예란 흔적으로 남는 것

나는 개개인의 삶 자체가 끝없는 희생이 있을 때 가치 있다고 생각한다. 흔히 자기 자신을 위한 삶을 산다고 생각하지만 누군가를 위한 삶을 살 때 더 큰 행복을 느끼게 된다. 경영 역시 마찬가지다. 가족과 직원, 사회에 봉사하는 자세로 살 때 좋은 결과가 도출되고 이는 나의 행복으로 돌아온다. 상공회의소 회장을 맡은 후 내게는 주말이 완전히 없어졌다. 양쪽을 오가느라 미처 처리하지 못한 일들을 토요일과 일요일을 쪼개서 해결하고 있다. 봉사에 매달려 자신의 본연의 일을 미뤄서도 안 된다. 대신 경영자로서 필연적으로 함께 갈 수밖에 없는 고뇌는 즐길 줄도 알아야 한다. 남들 다 놀러간 일요일에 혼자 사무실에 가서 밀린 업무를 처리하는 것도 하다 보면 굉장히 재미있다. 즐길 줄 아는 경영자가 돼야 한다.

물론 희생하는 자세, 봉사하는 자세로 즐길 줄 안다고 모두 백점짜리 CEO가 되는 것은 아닐 것이다. 모든 일에는 때가 있다. 나 역시 어느덧 60대 후반에 접어들고 보니 아이디어도 예전 같지 않고 기동력이 떨어지는 것이 사실이다. 처음 화성상공회의소에 취임한 후 운영위원들의 연령대를 낮춰보고자 한 것도 이런 맥락에서다. 내가 운영하는 회사 역시 마찬가지. 내 나이 일흔이 넘어서까지 회사를 키워보겠다고 붙잡고 있는 것은 일단 내게는 말이 안 되는 일이다. 간혹 여든이 넘어서까지 아이디어가 샘솟는 사람들이 있긴 하다. 하지만 그런 경우는 매우 특이한 사례고 특출한 사람에게만 해당되는 말이다. 나와 같은 대부분의 평범한 사람들은 나이 70이 넘어가면 젊은 사람에게 일을 넘길 줄도 알아야 한다.

그런 면에서 가업 상속에 관한 유연하지 못한 정책은 아쉬운 부분이 있다. 자연스럽게 상속되도록 하겠다는 취지는 알겠지만 모든 인수인계는 물려주는 사람이 튼튼하고 건강한 상태에서 이뤄져야 하는 법이다. 재산 증여와는 다른 개념이다. 엄청난 재산을 가진 재벌들에게는 조금은 다른 이야기가 되겠지만 대부분의 중소기업은 재산의 반 이상이 빚인 경우가 많다. 인수인계를 하겠다는 것은 무슨 금덩어리나 빌딩을 주겠다는 차원이 아니다. 하나의 공동체를 맡긴다는 차원에서 접근해 더 나은 해법을 찾아야 한다고 본다. 사람은 바뀌더라도 기업은 온전하게 존재해야 한다. 단, 회사와 대주주를 구분하고 공금과 사비를 철저하게 구분할 줄만 알면 된다. 지방으로 세미나 가서 공식 프로그램 끝난 후 골프 치는 비용, 공금이 아닌 개인카드로 결제할 줄 아는 원칙만 지키면 된다.

명예는 흔적으로 남는다. 대부분의 사람들이 헷갈려하는 부분이 바로 현직에 있는 것 자체가 명예라고 생각하는 것이다. 높은 위치에서 사람들의 추앙을 받을지는 몰라도 그것이 명예는 아니다. 명예라는 것은, 그 자리를 떠난 후 흔적으로 남는 것이다. 현직에 있을 때 그 사람에게 부여된 가치는 '봉사자'라고 할 수 있다. 명예라는 이름은 그 사람의 처세를 위해 붙이는 표현이 아니라 그 사람이 해야 할 의무, 희생할 일을 일컫는 표현이다. 그러니 그 자리를 위해 원칙을 벗어난 수혜를 받아서도 안 된다. 훗날 그 자리를 떠났을 때 명예로운 흔적 대신 좋지 않은 흔적만 남기고 가는 셈이 되니 말이다. 떠나고 나서가 명예지 현재 진행형은 절대 명예가 될 수 없다.

아들, 며느리, 손주들

나는 오늘도 바쁜 하루를 마치고 탄천변을 걷는다. 5km를 꼬박 채울 때까지 나는 생각하고 또 생각할 것이다. 오늘 하루도 헛되지 않게 살았는지, 내가 겸손하지 않아 다른 이에게 피해를 준 것은 없었는지. 그리고 나 스스로에게 물어볼 것이다. 내가 세상에 남기고 싶은 흔적인 무엇이냐고. 그러면 나는 이렇게 대답할 것이다. 내게도 이 화성상공회의소에 남기고 싶은 명예로운 흔적이라는 것이 있다고. 바로 전국 70개 상공회의소의 롤모델을 만드는 것, 그것이 내가 남기고 싶은 흔적이라고 말이다. '상공회의소 운영은 이렇게 하는 것'이라는 모델을 만들 수 있다면 나는 어떠한 희생과 봉사도 기꺼이 감수할 것이다. 다만 문제라면 남은 임기 동안 나의 임무를 다 완수할 수 있느냐는 것인데, 큰 상관은 없다. 상공회의소로서의 모델이 되기 위한 기반을 마련하는 것만으로도 나의 흔적은 명예로울 것이기 때문이다.

며칠 전, 내가 3년 동안 후원한 김해진 선수가 소치올림픽에서 김연아 선수를 비롯한 세계적 선수들과 당당히 실력을 겨루는 걸 보며 감개가 무량했다. 해진이가 중학교 2학년이던 3년 전 쯤, 우연히 알게 된 해진이 아버지로부터 도움이 필요하다는 소리를 듣고 1년에 1,000만 원씩 지원한 것이 벌써 해진이가 고등학교 1학년생이 된 것이다. '연아키즈' 해진이는 이제 4년 뒤 평창올림픽에서 김연아 선수만큼 우리를 또 행복하게 해줄 것이다. 17년 전 내가 산재처리로 4,000만원을 받은 외국인근로자에게 1억 원을 자체배상하고, 젊은 시절을 우리 회사에서 보내다 42세라는 젊은 나이에 직장암으로 세상을 떠난 직원의 아이들

가족들과 함께

에게 대학에 갈 때까지 학비를 대주고 있는 것도, 대한상공회의소 부위원장으로 있으면서 미얀마 난민 아이들을 위해 학교를 지어주는 일을 주도했던 것도, 우리나라의 위상을 드높이고 기업의 사회적 책임을 다하기 위함이다. 나는 칠십 평생 가까이 내가 몸으로 경험하고 마음 깊이 느낀 철학과 가치에 따라 앞으로도 더욱 노력할 것이다. 매일매일 5km를 걸으면서 나는 생각한다. 더 나누고, 더 원칙적이고, 더 청렴하고, 더 정직하고, 더 겸손해야 한다고 말이다.

화성상공회의소 · (주)케이티롤
민종기 회장

- 선린중학교, 선린상업고등학교 졸업, 고려대학교 경영대학원, 카이스트 정보통신 최고과정 수료
- 한국주조기술연구조합 이사장, 한국주물공업협동조합 이사 역임
- 화성상공회의소 의원, 대한상공회의소 중소기업위원회 부위원장 역임
- 現 화성상공회의소 회장, (주)케이티롤 대표이사, 한국주물공업협동조합 이사
- 생산기반기술 국무총리상, 과학의날 과학기술부장관상, 기계공업 자본재 개발 대통령상, 300만불 수출탑 수상
- 경기도 유망중소기업, 부품소재기업 선정, 코스닥 상장
- 한국기계전 산업포장 수상

08

경제독립운동가를 꿈꾸는
대한민국보험학교 김송기 대표
大韓民國보험人

고대 바빌로니아 왕국의 함무라비 왕이 만든 함무라비 법전은 인류 역사상 가장 오래된 성문법전으로 알려져 있다. 그 함무라비 법전 내용 중에 항해로 무역을 하려는 사람이 배를 띄우기 전 돈이 많은 다른 사람에게 자금을 빌린 다음, 항해 도중 거친 파도나 무시무시한 해적들 때문에 혹시 배가 침몰하거나 배에 실린 물건을 잃어버리면 돈을 갚지 않고, 반대로 항해를 무사히 마치면 무역으로 번 돈 가운데 많은 돈을 되돌려 준다는 내용이 나와 있다. 오늘날 보험과 비슷한 제도가 기원전 2000년에 이미 만들어졌던 것이다.

그렇다면, 우리 민족은 어땠을까? 우리 선조들은 오래 전부터 계, 두레, 향약과 같은 다양한 지역공동체를 운영했었다. 계는 여러 사람이 돈을 모아 순서대로 목돈을 받거나 집안의 큰 행사나 안 좋은 일을 당했을 때 도와주는 제도였고, 두레는 바쁜 농사철에 같은 마을에 사는 사람들끼리 힘을 모아 다른 사람이 혼자 하기 힘든 일을 품앗이로 도와주는 것으로, 돈 대신 노동력을 제공한다는 점이 보험과 다르다. 향약의 4대 덕목 중 하나인 '환난상휼(患難相恤)'은 어려울 때 서로 돕는다는 뜻으로, 미래의 예측할 수 없는

재난이나 사고의 위험에 대비하고자 생긴 오늘날의 보험제도와 일맥상통한다.

현존하는 보험약관 중 가장 오래된 것은 기원전 136년 로마시대의 것으로, 포에니 전쟁 때부터 갈리아 원정에 이르는 200여 년 동안 로마에는 전쟁포로 몇 백만 명이 잡혀와 노예가 됐는데, 그들은 서로 죽으면 매장을 해주기로 하고 장례비용을 모았다. 이 제도가 점차 생활자금을 마련하기 위한 것으로 바뀌었는데, '가입할 때 100세스테르티(당시 화폐단위)를 내고, 그 후 매년 15세스테르티나 15세스테르티 만큼 술을 낸다. 사망하면 상속인에게 400세스테르티를 준다. 자살하더라도 준다. 일정기간 불입금이나 그 만큼의 술을 내지 않으면 계약은 효력을 잃는다' 라는 문구는 오늘날의 보험약관과 비슷하다. 노예들이 시작했지만, 이 제도는 로마시대 군인, 하급관리, 채석장 노동자들 사이로 번져 갔으며 중세에 상인들이 재해나 도난에 따르는 손실을 보상받기 위한 조합의 뿌리가 됐다. 이처럼 보험은 어려움에 빠진 사람을 돕기 위해 고대에서부터 비롯된, 매우 오래된 금융의 형태라고 할 수 있다.

그러나 좋은 뜻을 가지고 시작된 향약이나 계가 성격이 변질되어 점차 서민들의 경제적 착취를 보장하는 수단으로 전락되었던 것처럼, 대기업이나 막강한 자본으로 무장한 외국계 보험회사들의 횡포, 보험회사들에게 착취당하는 보험설계사, 고객의 상황은 고려하지 않은 채 무턱대고 상품 판매 실적에만 열을 올리는 보험설계사들로 인해 눈살 찌푸리는 소비자들의 불만은 갈수록 도를 더해가고 있다.

그리고 이러한 모든 문제들을 해결하기 위해, 경제독립운동가를 자처하며 대한민국 보험의 새 역사를 쓰고 있는 사람이 있다. 바로 대한민국보험학교 김송기 대표다. 날카로운 벼랑 끝에 선 오늘날 대한민국 보험업계의 문제점을 바로 보고, '애국'의 정신으로 대한민국 보험의 새로운 미래를 그리고 있는 그의 당차고 흔들림 없는 보험이야기를 듣는 것만으로도 현대인으로서 공통적으로 가지게 되는 미래에 대한 불안을 조금은 떨쳐낼 수 있을 것 같다.

대한민국보험학교
김송기 대표

08

주어진 환경에 순응하기 싫었던 아이

나는 어릴 때부터 생각이 많은 아이였다. 대한민국 서울, 그 서울의 한 가운데에 자리한 용산에서 나고 자란 나는 한강초등학교, 한강중학교, 용산고등학교를 거치며 평범한 학창시절을 보냈다. 나는 용산에서도 서부이촌동에 살았는데, 당시 부촌이었던 동부이촌동에 비해 서부이촌동은 가난한 동네였고, 아버지가 시민아파트 관리인이셨던 우리 집도 가난하기는 마찬가지였다.

딱히 특별할 것 없던 내가 다른 아이들보다 눈에 띄었던 점은 책을 유난히 좋아했다는 것이다. 초등학교 4학년 때였던가, 어머니가 큰 맘 먹고 사주신 위인전 2질을 중학생이 되어서까지 읽고 또 읽으면서 나는 수많은 위인들의 이야기를 통해 정의감과 위대함이 무엇인지, 고난을 극복하는 용기와 자세가 얼마나 멋진 것인지 깨닫게 되었던 것 같다.

우리 집이 가난하다는 사실을 인지하게 된 것은 동부이촌동에 있는 한강중학교에 진학하면서부터였다. 한강중학교에는 가난한 서부이촌동 아이들과 잘사는 동부이촌동 아이들이 섞여 있었고, 그 안에서는 매일같이 크고 작은 많은 갈등들이 일어났다. 그러나 많은 책들 속에서 이미 가난은 부끄러운 것이 아니라는 것을 알고 있었던 나는 기죽지 않았다.

오히려 아이들은 왜 부자와 가난한 자로 편을 나누고 서로가, 때로는 자기들끼리, 멸시하고 냉대하는가에 대해 더 많은 책들을 통해 더 깊게 생각해보게 되었다. 어려운 책들을 읽으면서 나는 또래들보다 대여섯 살쯤은 더 조숙했었던 것 같다. 친구들이 어떻게 하면 맛있는 걸 더 먹을 수 있을까 고민할 때, 나는 왜 우리 사회에는 아직도 계층이 있고, 다 같이 평등하지 않은가에 대해 고민했으니 말이다.

어린 시절 어머니, 형과 함께(가운데)

당시 동네 친구들 대부분이 교회를 다녔고, 주말이면 교회에 가서 친구들을 만났다. 교회에 나가긴 했지만, 나는 교회에서도 생각이 많았다. 왜 하느님은 가난한 사람들을 구원해주지 않을까, 하느님은 우리 모두가 평등하다고 했는데, 다 똑같이 귀한 하느님의 자녀라고 하면서도 교회 안에서조차 파벌이 생기고, 기득권층과 그렇지 못한 사람들이 나뉘는 건 왜일까……. 생각에 생각이 꼬리를 물었다.

'왜 우리 아버지는 가난할까, 왜 우리 할아버지는 가난했을까, 나도 가난하게 살게 될까.' 내 주위의 누구도 그런 의문을 입 밖으로 꺼내어 말하지 않았으므로 나도 부모님에게조차, 형과 누나에게도 말할 수 없었지만, 우리는 원래 가난했고, 겨우 먹고사는 것 외엔 아무 것도 할 수 없는 서민이며, 앞으로도 그렇게 살게 될 거라고 당연하다는 듯이 말하고 행동하는 친구들, 가족들, 주위 사람들이 나는 이해되지 않았다. 내가 어릴 때부터 책에서 읽은 훌륭한 사람들은 나보다 더 가난하고 어려운 환경에 처해서도 자신에게 주어진 운명을 개척하려고 노력하고 온힘을 다했는데, 왜 내 주위의 사람들은 패배의식에 사로잡혀 살아가고 있는지 답답할 노릇이었다.

당시 친척 중에는 대학에 가는 형, 누나들을 거의 볼 수 없었다. 고등학교를 졸업하고는 하나같이 당연하다는 듯 직장에 취직을 했다. 우리 집도 형은 공업고등학교에 들어갔고, 누나는 상업고등학교를 나와 회사에 취직했다. 나는 그런 환경에 아무 저항 없이 순응할 수밖에 없는 현실이 무척이나 안타까웠다.

중학교 3학년 때의 일이다. 교회를 다니는 친구끼리 모인 자리에서 나는 중등부를 졸업하면서 후배들을 위해 회지를 하나 만들어 주자는 의견을 냈다. 그런데 좋아할 줄 알았던 아이들의 반응이 신통치가 않았다. 왜 그러냐고 물으니, 우리가 그걸 어떻게 하냐는 것이었다. "왜 못하냐? 우리가 15명이니 한 사람이 500원씩만 내면 7,500원이니까, 그 돈이면 할 수 있다." 아이들은 내 말에 책임을 지라는 듯 500원씩을 선뜻 걷어 내게 주었다. "할 수 있다고 했으니 어디 네가 해봐라." 나는

중학교 2학년 소풍사진

아이들을 하나하나 쫓아다니며 원고를 부탁하고, 받아내고, 다시 수정하고, 교정을 본 후 처음부터 끝까지 손 글씨로 정성들여 써서 회지 한 권을 만들었다. 그리고 모은 돈으로 종이를 사고, 등사를 해서, 우리들 것과 후배들 것까지 회지를 만들어 돌리고 발표회도 했다.

사람들은 길지 않은 기간에 어떻게 7권이나 되는 책을 썼느냐고 내게 묻곤 하지만, 나는 책을 쓸 때마다 그 때 생각을 한다. '좋은 뜻이고, 필요하다면 하면 되는 거지, 뭐.' 나의 생각은 지금도 어린 시절 그때와 다르지 않다. 좋은 일이고, 해야 하는 일이면, 하면 되는 것이다. 잘 될까 안 될까 고민하고, 나한테 손해일까 득이 될까 고민할 필요 없다. 해보지 않으면 알 수 없는 것들인데, 고민만 하면 무엇 하겠는가 말이다. 명분만 있다면, 열심히 하면 된다. 성공을 하면 좋고, 실패 속에서도 얻는 것이 있으니 하지 않을 이유가 무엇인가. 때론 실패 속에서 더 큰 깨달음을 얻게 되니, 두려워할 것은 아무 것도 없다.

아버지의 죽음과 청춘의 방황

그렇게 나는 고등학생이 되었고, 선교사가 되어 세계의 가난한 이들을 위로하는 진정한 신앙인이 되어야겠다고 생각으로 기독교 대학인 숭실대학교 영어영문학과에 입학했다. 하지만 대학교 1학년 때, 아버지가 54세의 나이로 돌아가셨다. 나는 아버지의 3개월 남짓한 투병생활 동안 어머니와 함께 아버지를 극진히 간호했고, 아버지를 그렇게 떠나보냈다.

그리고 아버지의 죽음으로 나는 생사의 문제에 깊이 천착하게 되었다.

어느 날 갑자기 가장의 죽음을 맞이하게 된다는 건, 가난한 우리들을 더 가난하게 만드는 일일 뿐이다. 늘 주어진 상황을 어떻게든 극복해야 한다고 생각했던 나였지만, 나에게 벌어진 이번 상황은 쉽게 극복할 수 있는 문제가 아니었다. 갑작스러운 아버지의 죽음으로 어머니도 나도 그렇게 힘든 시간을 보냈다. 마음이 아픈 것도 아픈 것이지만, 가장을 잃은 상실감은 경제적인 곤궁으로 배가 되었다. 아무 대책도, 방법도 없이 그저 주어진 운명에 당해주는 수밖에 없다는 것이 화가 났지만, 스물을 갓 넘긴 나는 무력해져만 갔다.

믿었던 하느님에 대한 원망도 커져갔다. 그로 인해 선교사로서의 꿈을 잠시 접어놓고 현실을 보니 내가 할 줄 아는 게 아무것도 없었다. 교회와 집, 학교밖에 모르던 나는 친구들도 다 교회 사람들이었고, 술도 마실 줄 몰랐으며, 교회 사람들 말고는 사람을 사귈 줄도 몰랐다. 대학 4학년이 되고, 취업문제가 현실로 다가오자, 무얼 해서 먹고 살아야 할지 더 막막해졌다. 나는 나의 운명을 개척하기 위해 당당히 대학 지원을 꿈꿨고, 숭실대에 합격했지만, 서울대가 아니면 대기업에 원서도 못 내미는 현실 앞에서 주눅 들 수밖에 없었다. 대학 4학년 1년 내내, 나는 신경성 장염을 달고 살았다.

대학 졸업식날 어머니와 함께

졸업 시즌에 삼성그룹에서 ROTC 특채를 뽑는다는 공고가 났다. 아버지가 돌아가시고 나서 중사 출신이셨던 아버지의 한을 풀어드리기 위해 ROTC에 지원했던 나는 입사원서를 구하러 삼성그룹 인사팀으로 갔다. 그 당시로서는 내가 다니는 대학이 ROTC 특채에 해당되지 않아 일반대학원생들과 함께 입사시험에 지원하여 합격을 한 후 입대를 했다. 군대에 가자 거짓말처럼 아프던 병이 싹 나았다. 교회생활이 전부였던 나는 군대에서 새로운 세계를 경험했다. 종교도 다르고, 학력도 다르고, 경제력도 다르고, 취향도 다른 사람들과 함께 생활하는 법을 배우면서 나는 교회에만 집중된 편향된 사고가 아닌 보편타당한 사고방식에 익숙해지기 시작했다. 건강을 되찾자 마음도 강건해졌다.

1992년, 삼성생명에 입사했으나 나는 쉽게 적응하지 못했다. 보험회사에 다니면서, 보험에 대해 맹목적인 생각을 가지고 있는 설계사들을 숱하게 봐왔다. 그들을 보면서 종교에 맹신하는 신도들과 비슷한 점이 많다는 생각을 했다. 종교가 나쁜 것이 아니라 그것을 맹신하는 사람이 건강하지 못한 것이고, 보험이 나쁜 것이 아니라 보험을 맹신하는 사람이 올바르지 못한 것이다. 맹목적이고 맹신한다는 것은 논리성이 결여된 상태를 말하는데, 보험처럼 합리적인 상품을 논리성이 결여된 채로 판매한다는 것은 어불성설이다.

보험회사의 영업은 맹목성을 강요하는 신앙생활과 비슷했다. 우리에게는 매달, 매주, 매일, 실현 불가능할 것 같은 목표가 주어졌고, 실적마감에 시달리다 마감이 끝나면 술을 먹고 때론 고스톱을 치는 상황, 실적을 채우지 못하면 매순간 가슴을 졸여야 하는 생활의 연속이었다. 그들의 행동이, 그들의 일하는 방식이, 나의 논리적 사고로는 도저히 이해되지 않았고 매달 월급과 보너스를 받는 것 외에 어떠한 일의 의미도 찾을 수 없었다. 이런 조직에서 나는 어떻게 살아남을 것인가. 도대체 어떤 비전이 있는가. 함께 입사했던 동기들이 하나 둘씩 이직하는 것을 보면서 나는 더욱 혼란스러워져만 갔다. 그러다 숨통을 찾은 것은 내가 신입 설계사 교육담당 일을 맡게 되면서부터다.

신입사원을 교육시키기 위해 보험에 대해 공부하던 나는 성경을 공부하며 느꼈던 희열을 느낄 수 있었다. 보험에 대해 공부할수록, 보험 이론이 상당히 타당하고, 보험이 사람들에게 반드시 필요한 것이라는 생각을 갖게 되었다. 보험에 대해 제대로 이해하고 나니 그동안 내가 갈구하고 추구하던 가치들과 일맥상통하는 부분이 많았다.

보험의 가치에서 내가 찾던 인생의 가치를 보다

나는 보험의 가치가 참 좋았다. 나는 돈을 곧잘 형제에 비유하곤 하는데, 4형제가 있다고 했을 때 막내는 자기만 먹겠다고 저축을 하고, 아래 동생들은 더 큰 돈을 벌어보겠다며 투자를 한다면, 동생들과 돈을 나누고, 보호하는 큰형과 같은 마음이 바로 보험의 진정한 가치라는 생각이 들었다. 보험이 이처럼 저축이나 투자의 개념과는 차원이 다르고, 가장 정의롭고, 가장 상위의 개념을 가진 것이라는 생각이 드니, 내가 보험인이라는 것에 대해 뼛속 깊이 자부심을 느낄 수 있었다.

나는 보험에 대해 더 깊이 공부하기 시작했고, 지점장으로 나가서도 누가 더 많은 상품을 팔았느냐가 아니라 누가 더 정확히 보험의 개념을 이해하고 있는가에 초점을 맞추고, 직원교육에도 더 열정을 쏟았다. 나는 고객을 큰형과 같은 마음으로 보살폈다. 회사의 수익모델에 최적화된 상품을 파는 것이 아니라 각각의 고객에게 정말 필요한 상품을 팔았고, 직원들에게도 항상 그렇게 이야기했다. 그리고 1997년, 42억이라는 최고 판매실적을 기록했다. 벌어먹고 살기 위해서가 아니라 진심으로 내 고객들에게 도움을 주기 위해 일한다고 생각하고, 그들이 불안해하지 않고 잘살게 하기 위해 최선을 다할수록 실적은 늘어났다.

나는 고객들에게도 설계사들에게도 늘 정확히 설명하고, 이해시키고, 진심으로 다가갔다. 당시 보험회사에서는 가짜 계약을 집어넣는 것이 관행처럼 이루어졌지만, 나는 그렇게 하지 못했다. 아니, 그렇게 할 수 없었다. 100%이던 실적이 내가 지점장으로 가면서 60%로 떨어졌지만, 나는 그럴수록 더 열심히 고객들을 찾아다녔다. 내게는 고객과의 신뢰가 가장 중요했다. 실적은 떨어졌지만, 유지율이 98%를 웃돌자 전체 실적이 다시 상승곡선을 그렸다. 평균 유지율이 80%가 안 되는데,

삼성생명 시절

우리 지점은 허수가 하나도 없이 보험 유지율이 100%에 가까우니, 다들 비결을 궁금해 했다. 나는 매일 세 명의 보험설계사들을 쫓아다니며, 영업의 처음부터 끝까지 내 방식대로 가르치고, 설명하고, 보여주었고, 그렇게 이론과 경험을 접목하면서 나는 나의 영업방식에 확신을 가지게 되었고, 나만의 보험이론을 확립해나갔다.

IMF가 터지고 외국계 보험회사가 국내에 들어오면서, 거대 자본의 외국계 보험회사들은 기존의 우리나라 보험영업을 아줌마 마케팅이라고 평가절하하면서 수선마케팅을 펴나갔다. 다국적 브험회사들은 종신보험이라는 상품을 내놓고, 앞 다퉈 종신보험을 팔기 시작했다. 그러면서 기존 보험 계약이 하루에 20~30건씩 깨지기 시작했다. 외국계 보험회사들은 엄청난 수익을 올렸지만, 아줌마 마케팅을 주도했던 보험설계사들은 파탄을 맞았다. 나는 우리나라에 맞는 차별화된 보험 판매방식을 밤을 새워가며 나름대로 연구하고 교육하고 있었지만, 삼성생명은 100억이라는 어마어마한 돈을 주고 세계적인 컨설팅회사인 매킨지사에 의뢰해 SSP라는 세일즈혁신 프로그램을 가동시켰다. 많은 비용과 인력이 투입되었지만, 그들의 방식이 잘못됐다는 생각이 들었다. 우리나라의 실정을 고려하지 않고, 서양에서 오랫동안 써오고 개발된 방식을 선진적이라면서 무조건 거기에 맞추려고 하는 것은 잘못된 일이라는 생각이 들었다. 나는 임원들에게 그러한 나의 의견을 수차례 이야기했고, 결국 하루아침에 다른 지점으로 발령을 받았다.

온몸에 힘이 빠졌지만, 내 생각은 달라지지 않았다. 새로 발령이 나서 간 강남에 있는 지점에는 30대 젊은 설계사들이 많았다. 나는 젊은 설계사들과 뭔가 해볼 수 있을 것이라고 큰 기대를 했지만, 실망과 좌절의 연속이었다. 보험에 대한 철학이나 보험설계사로서의 직업관 없이, 그저 큰돈을 벌기 위해 보험설계사로 나선 젊은이들은 절실했던 이전의 보험설계사들만도 못했다. 제대로 된 방식을 가르쳐주려고 노력했지만, 직원들은 이미 몸에 밴 습관을 버리지 못했다. 모든 것이 잘못 돌아가고 있었고, 거대자본의 논리 앞에 상처받는 것은 보험설계사들 자신과 고객뿐이었다. 건강이 악화되기 시작했고, 나는 그런 말도 안 되는 상황을 더는 버티지 못하고 6개월간 휴직을 신청했다. 마음을 추스르고 내가 복직을 해서 간 곳은 송파지역단이었다. 거기서 나는 신입사원 교육을 맡아 하루 8시간씩 교육에만 매진했다. 그 지역 토착세력이 아니라 각지에서 온 사람들로 구성된 송파지역단 설계사들은 꿈이 있었고, 파이팅이 넘쳤다.

나는 설계사들을 교육하면서 다시 가능성을 보기 시작했고, 내가 오랜 기간 연구를 통해 확립한 보험이론에, 내가 삼성생명에서 일했던 12년간의 현장 노하우를 접목해 열심히 직원들을 교육했고, 반응은 폭발적이었다. 복직을 했지만, 나의 생각과 달리 외국계 거대 보험회사들의 현란한 마케팅 공략에 대응하며 따라가야 하는 회사에서 더 버티기는 불가능한 것 같았다.

연구와 현장 경험 녹여낸 「세일즈 폭발」로 시작된 제 2의 인생

나는 그렇게 12년간 몸담았던 삼성생명을 떠났다. 회사를 그만두면서 나는 유학을 가겠다고 생각했었다. 그래서 어학원에 다니며 영어공부도 하고, 그간의 내 노하우를 담아 책을 쓰기 시작했다. 그러나 아내는 유학을 결사반대했다. 이제 어린이집에 다니는 아이를 두고 유학을 가겠다는 자체가 말이 안 된다고 했다. 나는 유학에의 꿈을 일단 보류하고, 더 열심히 책을 썼다. 그래서 나오게 된 책이 「세일즈 폭발」이다. 보험설계사 한 사람, 한 사람이 확고한 이론과 경험을 가지고, 각 가정의 재무 설계를 할 수 있어야 한다는 나의 생각과 세일즈 프로세스에 따른 고객 상담기법이 자세히 소개된 이 책은 출간되자마자 폭발적인 반응을 얻었다.

「세일즈 폭발」을 비롯한 일곱 권의 저서

영업에 관련된 수많은 책들이 주로 '무작정 열심히'를 외치고 있다면, 이 책은 방향성에 대해 말하고 있다는 점이 가장 큰 차이점이라고 할 수 있다. 보험영업을 하는 수많은 FC(Financial Consultant)들이 이 책을 읽고 내게 연락을 해왔으며, 그 중에는 대한생명의 임원도 있었다. 대한생명은 내 책을 설계사들에게 모두 사서 읽게 하고, 내게 강의를 요청해왔다. 대한생명뿐만이 아니었다. 많은 보험사들이 내 책을 직원 교육의 교재로 채택하기 시작했고, 강의 요청이 쇄도했다. 소문이 나면서 내 책을 무단으로 도용하는 회사도 있었지만, 책을 도용하는 것만으로 나의 영업노하우나 보험에 대한 철학을 다 알 수는 없는 일이다. 나는 연이어 「세일즈 폭발 전략 7」과 「MDRT 성공노트」 시리즈를 출간했다. 그렇게 나는 보험 분야의 베스트셀러 작가로, 인기 강사로 제 2의 인생을 시작하게 되었다.

책은 12만부가 넘게 나갔고, 강의와 책 판매만으로 1년에 3억 원 이상씩 벌었던 것 같다. 나는 보험에 대해 연구하면서 100세 시대가 도래하면 65세 이후가 천국이 되어야 한다는 생각으로 연금에 대해 연구하기 시작했고, 「장수입장권」이라는 책을 내놓게 됐다. 장수시대는 이미 현재를 변화시키고 있었다. 사람들은 이제 은퇴 후의 인생설계에 대해 정확한 플랜을 가지고 있어야 하고, 그렇지 못한 경우 비참하고 두려운 노년을 맞이하게 될 것이었다. '지금 당장 장수입장권을 구입하라'는 나의 목소리는 강력한 설득력을 가지고 있었고, 나의 의도대로 전문 FC뿐만 아니라 이 책을 읽은 일반인들의 반응도 대단했다. 그 중 한 사람이 드림카페 1호의 주인공인 김보규 씨다.

Dream Cafe(수원영통 소재)의 주인공 김보규씨와 함께

2009년 어느 날, 삼성전자의 대리였던 김보규라는 친구가 나를 찾아왔다. 보험인을 대상으로 '세일즈폭발아카데미'를 준비하고 있던 나는 그에게 직접적인 제자훈련(컨설팅)을 실시했고, 김보규 대리는 수원 삼성전자 부근에 드림카페를 열었다. 단순한 보험회사의 공간이 아니라 보험인이 주체가 되어 고객들의 재무 설계를 하고, 고객들도 언제든 찾아와 재무 상담은 물론 인생 상담까지 할 수 있는 곳이다. 놀라운 일은 그해 8월 「장수입장권」 출간부터 시작되었다. 나는 「장수입장권」의 출간에 맞춰 김보규 씨의 지인 70명을 대상으로 강연을 했고, 내 강의를 들은 지인을 대상으로 김보규 씨가 드림카페에서 내게 배운 재무 설계 내용을 바탕으로 상담을 하였다. 그 결과, 불안하지 않은 활기찬 노후

를 맞고자 하는 많은 사람들이 그야말로 장수입장권을 구입하게 되었고, 그 결과 첫 달에 약 3,000만 원의 연금 계약이 체결된 것이다. 그렇게 7개월 만에 1인당 연금 계약이 100만 원을 웃도는 성과가 나타나자 나에게 제자훈련(컨설팅)을 받은 사람들은 고무되었고, 그것이 대한민국보험학교 드림카페의 모델이 되었다.

大韓民國보험학교 Dream Cafe 전경(분당 소재, 오른쪽 아래는 김보규 DreamCafe 내부)

대한민국보험학교에서 시작하는 애국보험운동

나는 대한민국보험학교를 통해 약 3년 전부터 왜곡된 보험의 역할을 바로잡는 활동을 본격적으로 시작했다. 대한민국코험학교는 5주 기간의 경제독립운동가과정을 시작으로 지난 2년간 다양한 교육과정을 통해 우리나라 보험설계사의 패러다임을 바꾸고 있다. 단순히 어느 회사에 소속된 보험설계사가 아니라 주체적으로 고객의 재무 설계를 책임지는, 차원을 달리하는 보험설계사의 역할 정립을 실현해가고 있는 것이다. 이밖에 다양한 패키지 컨설팅과 강의를 통허 나는 대한민국 보험설계사들이 경제독립운동가로서 스스로의 역할에 대해 인식을 제고하고, 더 나아가 대한민국 국민들이 보험과 보험설계사들에 대해 바로 알고, 자신의 중요한 인생 설계를 책임지는 보험 설계에 더 적극적으로 참여하기를 희망한다.

이순신 장군이 거북선을 만들고 나라를 구했던 것처럼, 나라를 보호하고, 국민을 보호하겠다는 애국정신에서 우리의 보험정신을 찾아야 한다. 나는 보험회사의 권력이 국민의 권력으로 바뀔 날을 기다리며 전국에 약 1,000여 개의 드림카페 개설을 목표로 일하고 있다. 내가 궁극적으로 추구하는 것은 보험 문화의 변화이다. 당장은 아니겠지만 그동안의 노력들이 어느 정도 성과를 보여주고 있으니 앞으로 10년 내에 보험 선진국 진입의 획기적인 초석이 마련될 거라고 나는 믿고 있다. 그리고 그 결정적인 계기를 만드는 것이 나의 목표다.

가족과 함께 두브로브니크 여행에서

공무원과 샐러리맨, 전문직, 자영업자 중 공무원이 제일 오래 산다는 말이 있다. '공무원은 연금을 받기 때문'이란다. 연금을 오래 받기 위해서는 담배를 멀리하고 열심히 운동을 하는 등 스스로 건강한 삶을 선택하게 된다는 것이다. 현재를 살며 다가오는 미래를 받아들이는 것이 아니라 연금이라는 미래 제도가 현재를 바꾼다는 것, 내가 이야기하는 보험 철학이라는 것은 뜬구름을 잡는 막연한 개념이 아니라 지극히 현실적인 우리 삶의 이야기이다.

1905년, 치욕스런 을사조약으로 일본 제국주의자들에게 국권의 일부를 빼앗긴 우리 선조들은 당면한 민족적 과제로, 국권회복운동을 광범위하게 전개하였다. 그 과정에서 진행된 '애국계몽운동'은 우리 민족의 힘과 실력을 양성하여 궁극적으로 우리 스스로의 힘으로 국권을 회복하고자 하는 운동이었다. 애국계몽운동을 주도하였던 대한자강회가 가장 강조한 것은 국권 회복의 기초로서 실력을 양성하기 위해 국민들에게 애국주의적 신지식을 교육하고 근대 산업을 일으켜 자강을 실현하는 것이었다. 애국계몽운동이 우리 민족의 자주성과 스스로의 힘을 갖추기 위해 이후로도 끊임없이 많은 단체와 민족운동의 시발점이 되어 오늘날 전 세계가 주목하는 대한민국을 만들었던 것처럼, 대한민국 모든 국민이 당당하게 미래를 맞이하는 그날까지 나의 '애국보험운동'은 계속될 것이다.

봄이 오면 꽃이 피는 것이 아니라

꽃이 핀 그곳에, 꽃을 피운 그곳에 봄이 온 것이다

마음 안에 꽃을 피우면 마음에 봄이 온다

보험人의 마음 안에 Shjp(보험정신과 철학)이 생기면

보험일에도 봄이 온 거다

나라의 꽃은 백성이다

그 꽃을 꺾어 독립운동을 했다

가장은 가정의 꽃이다

그 꽃을 꺾어 가족에게 주어야 한다

보험人은 재무설계의 꽃이다

그 꽃을 꺾어 국민에게 줘야 한다

대한민국보험학교
김송기 대표

- 숭실대학교 영어영문학과 졸업(육군중위전역, ROTC28기)
- 삼성생명 12년 근무 중 영업대상, 영업기술대상, 신지식인상, 최다강의기록 보유

  한국경제신문 명강사 선정
- 금융보험관련 총 12만부 판매 베스트셀러 작가
- 금융보험업계 최다출강
- 現 보험철학자, 경제독립운동가, 작가, 칼럼니스트
- 現 국민을 위한 '장수입장권 재무콘서트' 운영
- 現 SM성공문화연구소(도서출판)대표
- 現 大韓民國보험학교 대표

09

건강한 쌀로 지키는
(주)미실란 이동현 대표
대한민국 식량주권

기후변화, 인구 급증, 가축 사료의 수요 증가 등으로 전 세계가 식량 위기에 봉착해 있다. 우리나라 역시 국내 곡물 자급률이 26.7(23.6)%에 머물 정도로 곡물의 해외 의존도가 높은 가운데 2015년 쌀 시장의 전면 관세화 개방으로 값싼 수입쌀이 국내 시장의 문을 두드리고 있어 오늘도 농부들의 마음은 까맣게 타들어만 간다.

시인 김용택은 '논'이라는 그의 시에서 '쌀보다 나락을, 나락보다 논 가득한 벼를 / 벼보다 겨울논을 더 좋아하시는 아버지 / 아버지의 농사는 언제나 / 논에서 풍년이고 / 논 밖에서 흉작인데 / 내 농사는 논 밖에서 풍년이고 / 논 안에서 흉년입니다. 아버지 / 아버지의 비는 아버지 일생의 피이고 / 내게서 비는 저 흐린 허공의 비애입니다 / 아버지, 논으로 울고 논으로 웃고 / 논으로 싸워 아버지의 세상과 논을 지키신 아버지 / 아버지의 적막하게 굽은 등이 / 오늘따라 왜 이리 넉넉합니까 / 집에 들면 강 건너 밭 지심을 걱정하시는 / 어머님 곁에 앉으셔야 / 맘이 놓이시는 아버

지 / 우리들의 아내는 우리들의 마음을 / 무엇으로 안심시킬까요, 아버지' 라고 노래하며 산업화와 세계화로 파괴된 농촌에서 한평생을 이 땅의 농부로 살아오신 아버지들에 대한, 이 땅의 농부들에 대한 부채의식을 고백하고 있다. 그는 "농촌 공동체가 자본에 의해서 움직이지 않고 자생적으로 돌아갈 때 자연과 인간이 아름답게 공생할 수 있지 않겠어요. 돌이켜보면 생태와 순환이 살아있던, 햇볕 속의 마을이었는데 산업화와 이농으로 농촌 공동체의 원형이 파괴되는 과정을 낱낱이 지켜보며 정신의 한 조각이 파괴되는 아픔을 느낍니다. 거기서 쫓겨난 슬픔과 분노가 있기에 '지금 내가 속한 곳은 임시정부다' 라고 말했던 것이죠"라며 오늘날 대한민국 농촌 사회의 실상을 통탄어린 마음으로 이야기하고 있다.

하나, 둘, 한 집, 두 집 떠나간 농촌이 이제는 해가 바뀌면 동네 하나가 사라져 버린다는 어느 젊은 농사꾼의 한탄에 가슴 먹먹해진다. 지금 이 순간, 정녕 우리들의 고향은 안녕한가.

식량자급률 23.6%, OECD 회원국 가운데 최하위권, 그나마 쌀을 제외하면 5%밖에 되지 않는 식량자급률. 쌀 자급률은 매년 감소하여 3년째 80%대에 머물고 있으며 2050년에는 50%대에 그칠 것이라는 전망, 이것이 바로 쌀 부족국가, 대한민국 식량주권의 현 주소이다.

쌀은 우리 농업의 최후의 보루이자 민족의 자주권이다. 반만년 세월의 '얼' 과 '한'이 고스란히 담긴 우리 민족의 역사적 산물이다. 그리고 여기, 평생을 농식품 연구에 매달리며 박사공부를 마치고 일본에서 돌아온 어느 날, 홀연듯 농촌으로 돌아가 우리 쌀을 살리고, 농촌을 살리는 일에 자신의 모든 것을 건 '미실란' 의 이동현 박사가 있다. 청춘을 실험실에서 바친 생명공학자를 너그럽게 품어준 우리 조국의 산하, 농촌만이 희망이라는 그의 투박하지만 진정어린 생명이야기가 오래도록 강한 울림으로 머릿속을 맴돈다.

(주)미실란
이동현 대표

09

푸른 초원을 달리는 카우보이를 꿈꾸던 어린 시절

나는 전남 고흥의 동강면 오월리 벽계마을에서 9남매의 막내로 태어났다. 연로하셨던 아버지는 한학자셨는데, 자식들을 쭉 앉혀 놓으시고 정의, 질서, 법에 대해 틈나는 대로 가르치시는 엄격한 분이셨다. 도무지 세상물정을 모르셨던 아버지 때문일까. 어머니는 솜씨도 좋고 장사수완도 좋으셨다. 길쌈을 잘해서 농사짓는 틈틈이 천을 짜다가 시장에 내다팔면 금세 다 팔리곤 했다. 어머니께 일감을 부탁하는 사람도 많았다. 어머니는 새벽차를 타고 임실에 가서 고추를 사다가 잘 닦고 잘 말려 고춧가루를 만들어 내다팔기도 하셨고, 그렇게 일평생을 한순간도 쉬지 않고 일하셨다.

어머니는 본디 작은 지역에서 잘 사셨던 외동딸이셨다. 어머니가 어렸을 때 사시던 마을에 가면 동네 사람들이 어머니를 '아기씨'라고 불렀다. 외할아버지는 존경받는 부자셨다고 한다. 일제시대 때 자신이 가진 땅을 머슴들에게 모두 나눠주었고, 어머니 역시 자신이 가진 친정집안의 토지 소유권을 종중에 내놓으셨다. 가난한 한학자에게 시집을 와 평생 가난하게 사셨으면, 당연히 그 땅에 욕심을 내셨을 법도 한데, 어머니는 그러지 않으셨다.

걸어서 4km를 걸어가야 하는 우리 초등학교는 산등성이 너머에 있었다. 나는 친구들과 뛰어놀고 운동하는 것도 좋아했지만, 가장 행복한 시간은 집에서 키우던 개 순둥이를 데리고 산에 올라가 얼른 나무를 해놓고는, 커다란 나무 등걸에 기대앉아 해가 질 때까지 실컷 책을 읽을 때였다. 나는 위인전도 좋아했고, 나무늘보이야기 같은 자연과학동화도 좋아했다. 산에 앉아 있으면 우리 마을이 한눈에 내려다보였는데, 해질녘의 마을경치는 내가 가장 사랑하는 풍경이었다.

나는 서부영화 'OK 목장의 결투'에 나오는 멋진 보안관처럼 말을 타고 산과 들을 달리며 살고 싶다는 막연한 꿈을 꾸었었다. 딱히 특별할 것은 없었지만, 아버지의 영향 때문이었는지는 몰라도 나는 어릴 때부터 의협심이 강한 편이었던 것 같다. 그래서였을까. 나는 너른 초원을 말달리며 악당들을 혼내주는 정의로운 보안관이 되고도 싶었다.

어쨌든, 초등학교 시절, 나는 매일 매일이 신나고 재미있기만 했다. 그러다 벌교중학교로 진학하면서 나는 우리 집이 가난하다는 사실을 처음으로 깨닫게 되었다. 친구들 사이에서도 부잣집 아이와 가난한 집 아이가 확연히 차이가 났고, 아무에게도 내색하지 않았지만 나는 그 사실이 슬펐던 것 같다. 유독 똑똑하던 둘째 누나는 그렇게도 공부를 계속하고 싶어 했지만, 가난한 살림에 딸까지 공부를 시킬 생각을 하는 사람은 아무도 없었다. 그 때, 아무 말도 못하고 그저 속상해하기만 하던 누나의 서글픈 표정이 어린 내 가슴에도 어찌나 슬퍼보였는지 모른다.

광주의 고등학교에 가게 되자 빈부의 격차는 더 확연해졌고, 나는 판도라의 상자를 연 것처럼, 가난하기 때문에 할 수 없는, 가난하다는 이유만으로 할 수 없는, 많은 현실의 벽들을 느껴가기 시작했다.

가난으로 방황하던 청춘을 철들게 한 나의 어머니

나는 내가 가난하다는 사실이 못 견디게 화가 났다. 부자와 가난한 아이들은 마치 동화 속 왕자와 거지처럼 너무도 확연히 티가 났다. 도시락 반찬부터가 달랐고, 그전까지는 다 같은 청바지처럼 보였는데, 내가 입은 것은 엄마가 시장에서 사다준 싸구려 청바지였고, 부자 친구들이 입은 청바지는 백화점에서 산 유명 브랜드의 청바지라는 게 너무나 또렷이 눈에 들어왔다.

집이 잘살았던 내 친구들은 하나같이 성격도 좋았다. 형편이 너무 어려워 도시락을 못 싸오는 친구를 위해 매일같이 두 개씩 도시락을 싸오는 아이도 있었고, 그렇게 공부도 잘하고 인간성도 좋은 친구들과 배운 것 많고 세련돼 보이는 그 친구들의 부모님들이 얼마나 부러운지 몰랐다. 무서운 할아버지 같기만 했던 우리 아버지, 밤새 일하고 잠깐 까막잠을 주무시다가 새벽이면 다시 일하러 나가곤 하시던 가엾고 불쌍하기만 한 우리 엄마, 그런 부모님의 가난한 아들인 내가 그들과 비교되며, 그 모든 게 괜히 억울하고, 너무 화가 나고, 그냥 자존심 상했다.

나는 겉돌기 시작했다. 책상에 앉아 가만히 공부에 집중할 수가 없었다. 그 시절, 내 숨통을 틔워준 유일한 친구는 영화였다. '위너스', '레이디호크', '인디애나 존스', '백투더퓨처', '탑건', '록키', '람보'……. 영화를 보는 그 시간만큼은 구질구질하고 답답한 나의 현실을 잊을 수 있었고, 나는 그렇게 흔들리며 그 시절을 버텨냈다.

고등학교 3학년이 되자 더 이상 현실을 외면만 할 수 없다는 생각이 들었다. '그래! 공부해서 성공하는 길밖에 없다!' 나는 열심히 공부했지만, 학교 내신은 별로 좋지 않았다. 남자 아이들은 하나같이 공대에 진학하던 시절이었지만, 나는 기계, 공업, 전기, 건축 같은 데에는 도통 관심이 없었다. 나는 곤충학자나 미생물학자가 되고 싶었는데, 의예과나 보

고교시절 고향 들녘에서

건학과를 제외하고는 농생물학과가 미생물에 대해 많이 배우는 것 같았다. "농대에 가려구요." 나의 말에 누나들은 실망한 기색을 감추지 못했다. 똘똘한 막내에게 기대가 컸던 누나들은 농사일을 배우겠다고 대학까지 가는 동생이 이해가 되지 않았다. 나는 누나들의 시선을 외면한 채 농생물학과에 가서 작물 연구도 하고, 병충해 공부도 하겠다고 담담히 말했다.

비행기를 타고 세계여행을 가보는 게 소원이었던 나는 항공대에도 지원하고자 했으나 시력이 미달이었고, 국립 경상대 또한 낙방했다. 그렇게 해서 나는 후기대학인 순천대학교 농생물학과에 입학하게 되었다. 고 3때, 대학을 가겠다는 나의 선전포고에 엄마와 큰형이 싸우는 소리를 우연히 듣게 된 나는 식구들이 잠든 밤, 마당에 앉아 혼자 서럽게 울었다. 생전 누구와 싸우시는 걸 보지 못했던 어머니는 완강했다. 형과 한참을 옥신각신하던 어머니는 "내가 장사를 해서라도 우리 막내 대학을 보내겠다"는 말로 형의 입을 막아버리셨다.

가난은 했지만, 고흥의 유명한 한학자, 강촌 선생의 아내였던 어머니는 그리고 정말로 생선 장사를 시작하셨다. 생선 장사라고 해봐야, 생선을 떼다가 광주리에 담아 머리에 이고, 시장 한 귀퉁이에 쪼그리고 앉아 파는 행상이었다. 그리고 엄마는 그 생선 행상을 내가 박사를 딸 때까지 그만두지 못하셨다.

포천에 사는 둘째 누나도 나의 조용한 후원자였다. 대학에 입학했다고 양복을 사주고, 대학원에 입학했다고 컴퓨터를 사주고, 학회에 간다고 또 양복을 사주고, 돈이 한 푼도 없어 막막할 때마다 어떻게 귀신같이 알았는지 내게 용돈을 건네주곤 하셨다.

어머니는 내가 아는 가장 위대한 분이시다. 가진 것도 없고, 배운 것도 일천한 엄마가 어떻게 그럴 수 있었을까. 지금 생각해도 쉽게 이해가 가지 않지만, 아무리 큰 시련이 닥쳐도 어머니는 늘 "괜찮다"는 한 마디로 모든 어려움을 이겨내셨다. IMF 때 사업에 크게 실패한 큰 형님이 세 번이나 자살을 기도했을 때도, 매번 형을 살려낸 건 어머니셨다. "괜찮다. 살 수 있다." 어머니는 그렇게 한 마디 하시고는 생선 광주리를 이고, 형의 빚을 함께 갚아주시고, 나를 서울대학교 석사까지 공부시키며 일본 문부과학성 초청 국비 박사공부까지 하는 동안 늘 기도하고 응원하셨다.

나의 평생 동지이자 내가 가장 믿고 의지하는 내 아내는 나에게 "당신은 남자라서 모른다. 어머니라서, 엄마만이, 할 수 있는 일이다. 내가 세상에서 가장 존경하는 분은 당신 어머니다"라고 이야기하곤 한다. 나는 세상 살면서 힘든 일을 겪을 때마다 어머니를 생각한다. 그러면 불끈불끈 힘이 솟는다. 어머니가 안 계셨다면 나도 없었다.

미친 듯이 공부하고, 미쳐서 연구하다

어머니가 그렇게 시킨 대학 공부였으니, 내가 목숨 걸고 공부에 매진하는 것은 어쩌면 당연한 일이었을 것이다. 나는 대학 4년 내내 실험실에서 살았다. 나는 연구실 일은 물론, 교수님들이 시키시는 모든 일을 다 했다. 분야와 전공이 다른 교수님들이 내게 부탁하시는 일은 다양했다. 연구용으로 짓는 밭에 풀을 뽑는 일도, 수확을 하는 일도 모두 내 차지였다. 나는 농생물학을 공부할수록 농업이 우리 생(生)과 가장 밀접한, 인간을 먹이고 살게 하는 소중한 일이라는 사실을 깨닫게 되었고, 그런 농업을 과학적으로 지원하고 발전시키는 일이 얼마나 중요한 일인지 절감하며, 내가 하는 공부에 점점 빠져들었다.

대학을 졸업한 나는 곧장 서울로 올라가 서울대 대학원에 입학했다. 대학원에 진학하니 내 실력이 모자란다는 느낌이 들었다. 대학에서 현장을 직접 뛰고, 교수님들이 시키시는 온갖 일들을 도맡아 했던 터라 실험 테크닉적인 면에서는 자신이 있었지만, 이론이 부족하다는 생각이 들었다. 나는 연구실에서 밤을 꼴딱 꼴딱 새가며 공부하고 또 공부했다.

하루는 평소 아껴주셨던 박은우 교수님께서 출근을 하시다가 밤을 새고 아침까지 도서실 책상에서 책을 붙들고 있는 나를 보시고는 왜 이 시간까지 여기에 있냐며 불호령을 내리셨다. 당황한 내가 어쩔 줄 모르고 있는데, 잠시 후 손에 먹을 것을 들고 다시 오신 교수님께서는 "인생과 과학자의 길은 단거리를 뛰는 게 아니네. 멀고도 험한 길을 가야 하는 마라

토너지. 몸과 마음을 아끼며 가게"라고 말씀하시는 것이었다. 그때 교수님께서 해주신 말씀은 그 이후로 지금까지 내게 '천천히, 한 걸음씩, 멀고 험한 길을 꾸준히 가야 하는 학자로서의 삶'의 지침이 되고 있다.

서울대 대학원 졸업식 날, 어머니는 제일 기쁜 날이라며 몇 번이고 행복하다는 말씀을 하셨다. 그렇게 석사과정을 마치고 군대에 다녀온 나는 학업을 중단하고 순천으로 내려가 버섯농사를 짓기 시작했다. 아내를 만나 결혼도 했고, 큰형님의 사업실패로 집안 형편도 더할 수 없이 나빠져 어머니께 더는 손을 벌릴 수 없는 상황이었다.

버섯농사를 지으면서, 나는 농약을 전혀 쓰지 않았다. 농약이 사람과 자연을 얼마나 피폐하게 만드는지 잘 알고 있던 나는 그 어떤 화학약품도 쓰지 않았다. 친환경 농산물이 인증을 받던 때가 아니어서 다른 버섯들과 똑같은 가격에 팔 수밖에 없었지만, 돈을 버는 것보다 내가 배운 이론을 농사에 접목해 보고, 현장과 연구의 차이를 알아가는 일이 재미있었고, 그러면서 나는 더 제대로 공부하고 싶다는 욕심을 가지게 되었다. 집안 형편상 망설이던 나에게 순천대학 학부 때 지도교수님이셨던 고영진 교수님과 일본 큐슈대 출신이신 진일두 교수님이 일본 국비 유학을 권하셨다. 나는 그 길로 국비 유학을 신청했고, 그렇게 일본 문부과학성 장학생으로 뽑혀 가족을 데리고 일본 큐슈로 가게 되었다.

서울대 대학원 시절, 연구실에서

큐슈대학에서 박사공부를 하던 그 3년 간, 나는 8편의 국제 논문을 발표하고, 7편의 논문을 투고했다. 큐슈대학 농대 역사상 전무후무한 일이었다. 나는 동기들이 집으로 돌아가고 난 후에도 연구실에 남았고, 휴일에도 연구실로 향했다. 연구실을 떠나서는 도저히 몸이 근질거려 견딜 수가 없었다. 연구에 대한 나의 열정은 아무도 따를 자가 없었다. 박사과정 동안 나의 지도교수이셨던 미쯔오 오바 교수는 그런 나의 열정을 누구보다 높이 평가해 주셨고, 박사과정을 마치고 한국으로 오기 전날, 내 손을 잡고 고개를 숙여 내게 "감사합니다"라고 말씀하셨다. "당신은 진정한 학자요, 연구자였습니다. 내가 본 학생들 중 최고였고, 최고의 과학자가 될 겁니다." 우리는 오랫동안 서로의 손을 놓지 못하고 서로에 대한 존경과 감사로 고개 숙이고 있었다.

대한민국에서 가난한 박사로 산다는 것

내 인생에서 가장 쓰라린 시절은 정작 박사를 마치고 난 후였다. 그렇게 하고 싶던 공부를 마쳤지만, 경제적으로 가난한 박사가 대한민국에서 할 수 있는 게 별로 없다는 사실을 깨닫는 데에는 그리 오랜 시간이 필요치 않았다. 박사학위를 받고 한국에 돌아왔지만, 교수 임용은 쉽지 않았고, 아예 기회조차 주어지지 않을 때도 있었다. 국내에는 국제 논문을 발표한

일본문부과학성 초청 국비유학을 마치고 큐슈대 박사 후 후배들과 함께

연구자가 드물던 2000년 초, 나는 이미 8편의 국제 발표 논문을 가지고 있었지만, 공개 강의 기회조차 주어지지 않았다. 내가 지금껏 연구해온 모든 것들이 교수 임용이라는 벽 앞에서 헛된 것이 되어버렸다.

고등학교 시절, 가난 때문에 좌절하고 방황했던 나는 죽도록 공부해 박사가 되었어도 여전히 가난으로 좌절하고 있었다. 은행에서는 내가 직업이 없기 때문에 700만 원짜리 마이너스 통장을 연장해줄 수 없으니 일시 상환하라는 통보를 해왔고, 갑자기 700만 원을 구하느라 이 사람, 저 사람에게 돈을 꿔봤지만, 선뜻 돈을 빌려주는 사람은 없었다. 상고를 나와 회사 경리로 취직한, 갓 20살 난 신입사원만도 못한 박사. 끝이 보이지 않는 바닥으로 내동댕이쳐진 기분이었다.

설상가상으로 둘째 아이의 아토피가 갈수록 심해져, 밤낮으로 잠을 이루지 못하고 울어대는 아이 때문에 우리 부부는 지쳐가고 있었다. 박사 논문 지도 교수이셨던 오바 교수가 방문 연구원 자리를 마련해두었으니, 언제든 다시 일본으로 돌아오라고 하셨지만, 그럴 수는 없었다.

'내 아이들에게는 절대 가난을 물려주지 말자.' 나는 순천대에서 연구를 계속 하면서 배 장사부터 안 해본 일이 없을 정도로 닥치는 대로 일을 해서 돈을 모았다. 큰 아들은 6살, 작은 아들은 4살이었고, 집도, 차도, 아무 것도 없는 우리 가족은 고흥의 어머니 댁에서 지냈다. 아침이면 아이들을 데리고 집을 나서 30분을 걸어 버스정류장으로 갔다. 거기서 버스를 타고 벌교로 나가 벌교에서 다시 버스를 갈아타고 순천으로 간다. 아이들을 유치원에 데려다주고 다시 걸어서 학교까지 가는 순례길과도 같은 출·퇴근길을 나와 아이들은 그렇게 매일 반복해야 했다. 교수님들은 연구하는 사람이 그렇게 출퇴근에 몇 시간씩 빼앗겨서 되겠느냐며 속 모르는 소리를 하셨고, 얼마 후 우리 식구는 순천대 앞에 권리금 없는 월 25만 원짜리 월세방을 얻어 살게 되었다.

하루는 어머니가 월세방으로 찾아오셨다. 어머니는 중고차라도 한 대 사라며, 수건으로 꼭꼭 싸가지고 온 180만원을 내 앞에 내놓으셨다. 형님 빚을 갚느라 더할 수 없이 힘드시면서도, 박사공부까지 한 막내아들이 추운 겨울에 연구하랴 일하랴 어린 자식들을 끌고 다니는 것이 영 마음에 걸리셨던 것이다. 창피하고 죄송하고, 어디 쥐구멍이라도 있으면 들어가고 싶을 만큼 자괴감에 얼굴이 벌겋게 달아오른 내게 어머니는 "괜찮다"는 한 마디만 하시고 일어나셨다. 일본에 가기 전까지 순천대 교직원으로 근무했던 아내는 여기저기 파트타임으로 강의도 하고 상담도 하며 돈을 벌었다.

순천향대 윤성환 교수님의 도움으로 겸임교수로 강의도 하면서 한국지의류연구소에서 특별연구원으로 일하던 나에게 또 한 번 시련이 찾아왔다. 어머니가 위암 판정을 받으신 것이었다. 마음은 어머니 곁으로, 곁으로만 가고 싶었지만, 자식들 데리고 먹고 살기 바빴던 나는 어머니가 계신 고향집을 자주 찾을 수 없었다. 그 때 우리들 대신 어머니께 말벗이 되어주곤 하셨던 분이 위 선생님이셨다. 그 분은 쌀 가공 사업을

곡석군 농민, 군민, 공무원 대상 특강에서

구상하고 계셨는데, 내가 농학박사라는 걸 아시고는 자기를 좀 도와달라고 하셨다. 그러나 얼마 지나지 않아, 위 선생님은 자기는 부족한 게 많다며 당신 대신 내가 그 일을 해보는 게 어떻겠냐고 하셨다.

미실란의 탄생과 다시 꾸는 꿈

좋은 먹거리에 대해 예전부터 관심이 있던 나는 쌀 가공 사업에 조언을 하면서 가공기술에 관심을 가지게 되었고, 발아현미의 효능에 대해 학자로서의 호기심이 생겼던 터였다. 나는 '발아'에 대한 연구를 시작했다. 발아는 현미의 단점을 해결했다. 쌀눈을 발아시키니 식감도 부드러

연구실에서

워지고 영양소도 한층 증대되었다. 감마오리자놀, 엽록소, SOD 효소, 미네랄 등 기존 현미에는 없던 새로운 영양소도 생겨났다. 나는 발아미 연구에 빠져들었고, 그러던 차에 발아미 가공사업을 권유받았다. 나는 한참을 고민했다. 언제까지 교수 임용만 기다리고 있을 수도 없는 노릇이라 딱 1년만 버텨보자던 그 1년이 어느새 다 되어가고 있었다.

나는 내가 왜 그토록 박사공부를 하고자 했는지 생각해 보았다. 버섯농사를 지으면서 현장을 직접 경험하고, 현장 적용에 유용한 공부를 더 하고 싶어서 박사공부를 선택했던 것이었다. 나는 내가 배운 지식과 연구한 결과를 농업 현장에서 직접 적용해 농촌을 발전시키기 위해 계속 치열하게 공부했던 것이다. 생각이 거기에 미치자 더 망설일 필요가 없었다. 2004년 9월, 나는 순천대 연구실 한 칸을 빌려 '미실란'이라는 친환경 발아미 업체를 설립했다. '아름다운 사람들(美)이 희망의 열매(實)를 꽃피우자(蘭).' 전통식품기업 '미실란'은 그렇게 해서 탄생하게 되었다.

2006년 봄, 나는 폐교가 된 곡성동초등학교로 가족들을 데리고 이사를 했다. 우연히 인연을 맺게 된 곡성군 친환경농정과 김주환 과장님과의 인연으로 알게 된 고현석 곡성 군수는 당신과 같이 곡성에서 희망을 만들어보지 않겠느냐며 내게 미실란과 곡성군의 투자유치양해각서 체결을 제의하셨고, 나는 군수의 열정 하나만 보고 그 길로 곡성으로 내려갔다. 그러나 그 해 지방선거에서 고현석 군수가 낙선을 하자 투자 약속은 물거품이 되었다. 우리 직원들은 물론이고, 모두들 순천으로 돌아가자고 했지만, 나는 이곳에서 우리 힘으로 좋은 상품을 만들면 승산이

벼베기하는 모습

있을 거라고 생각하고, 가족들까지 데려왔다.

도시를 떠나 농촌으로 삶의 터전을 옮긴 우리 가족의 삶은 이전보다 훨씬 건강하고 행복해졌다. 곡성 폐교에서 첫날밤을 보내고 난 새벽, 나의 손에 이끌려 맨발로 논길을 거닐면서 들려오는 바스락거리는 소리, 풀벌레가 날개를 비비는 소리, 옅게 부는 바람이 후드득 이슬을 떨어뜨리는 소리를 듣던 아내가 내게 했던 말은 맞았다. "여보, 우리 제대로 온 것 같아요." 아토피로 고생하던 둘째 아들 녀석은 이곳에 오고, 발아현미를 먹으면서 감쪽같이 병이 나았고, 큰아들 녀석은 중학생이 되어도 여전히 행복하다. 우리 가족은 서로를 의지하며 건강한 공동체로 성장해가고 있고, 내 옆에는 항상 나의 가장 든든한 동지이자 내가 세상에서 가장 사랑하는 아내가 있다. 하여, 나는 두려울 것이 없다.

나와의 약속을 지킬 상대는 이제 없지만, 나는 곡성에 알맞는 벼 품종을 개발하고, '미실란'을 곡성의 대표 브랜드로 만들겠다던 나의 약속을 지켜냈다. 나는 약속대로 300여 개의 벼 품종을 심었고, 그 해 가을 수확을 거두었다. 그로부터 꼭 7년이 흘렀다. 그동안 미실란은 수많은 시행착오와 실패를 경험했지만, 2013년에는 10억의 매출을 올리는 쌀 전문업체로 자리매김했다.

농약을 한 방울도 치지 않은 유기농 쌀을 재배하기 위해 지역 농부들을 이해시키고 설득하는 작업을 거쳐 발아미를 생산했지만, 처음 2년간 팔리

일본 유학시절 가족들과의 여행에서

지 못한 묵은 쌀을 팔 수 없어 원가만 2,000만 원어치가 넘는 발아미를 닭들에게 모이로 주어야 했고, 판로를 찾기 위해 전국 방방곡곡을 돌아다니기도 했다. 그 과정에서 좌절도 했지만, 힘도 얻었고, 좋은 분들도 많이 만났다. 그리고 결국, 좋은 상품으로 인정받겠다던 나의 꿈은 현실이 되었다.

어머니는 생전에 이런 말씀을 자주 하곤 하셨다. "너와 네 아내는 많이 배운 사람들이니, 자신이 밟고 갈 징검다리는 스스로 놓아야 한다. 강 건너 황금나무에 달린 사과 열매를 따먹고 싶다면, 그렇게 징검다리를 하나씩 하나씩 놓고 찬찬히 건너거라."

사람들은 내게 왜 편한 길을 두고 험한 길을 만들어서 가려하냐고 묻곤 한다. 그럴 때면 나는 어머님의 말씀을 떠올리며, 이렇게 대답한다. "당장은 힘들겠지만, 누군가 어렵고 힘든 길을 건너기 위해 징검다리를 만들어가지 않으면, 세상에는 더 힘든 일과 더 큰 걱정거리들이 생길 겁니다." 학자는 스스로 짐을 지고 가야 한다. 맨 앞에 서서 징검다리를 놓는 사람이 되어야 한다.

미실란은 이제 20억 매출을 바라보고 있으며, 100억 매출의 브랜드를 만들기 위해 더 좋은 다양한 제품을 만들고, 제품의 우수성을 널리 알리기 위한 노력도 게을리 하지 않을 것이다. 그러나 나의 꿈은 더 큰 세상을 바라보고, 더 소중한 것들을 향해 있다.

전쟁터에 임하는 투사의 심정으로 지난 7년간 전통식품기업 '미실란'

두 아들들과 함께 봉사활동을 마치고

을 이끌어오면서 나는 좋은 상품을 개발하기 위해 연구하고, 좋은 상품을 만들기 위해 정성을 다하는 것보다, 좋은 상품의 생산을 원천적으로 방해하고 있는 많은 제도적 문제점들과 잘못된 사회적 인식들을 경험해야 했다. 따라서 나는 앞으로 생산자가 배제된 소비자 중심의 시장 논리에서 벗어나 소비자와 생산자가 함께 하는, 더 나아가 생산자가 중심이 되는 유통구조 확립과 각종 대안들을 마련하기 위해 이 땅의 모든 농민들과 함께 한목소리를 내는 일에도 더욱 적극적으로 나설 생각이다. 나만 건너려고 했다면 굳이 앞장서 징검다리를 놓지 않았을 것이다. 나는 농촌을 살리고, 농부들을 살리는 일, 그렇게 이 땅을 살리고, 이 땅에 사는 우리 모두가 다함께 행복할 수 있는 세상을 꿈꾼다.

전쟁 후 가난으로 굶주리던 우리 민족은 뛰어난 머리와 타고난 성실함, 열정적인 노력으로 대한민국을 오늘날 세계 속의 경제대국으로 재건하는 데 성공하였다. 그러나 21세기를 사는 지금, 우리는 다시 먹거리를 걱정해야 할 처지에 놓여있다. 첨단과학기술은 국가의 부를 좌우하지만, 농업기술은 국가의 존폐를 좌우한다. 전 세계가 식량위기에 봉착한 지금, 우리가 우리의 식량주권을 지켜내지 않으면 우리 모두는 자멸하게 될 것이다. 식량주권을 확보하는 문제는 농민들만의 문제가 아닌 우리 민족의 생존권을 지키는 일이다. 안전하고, 지속가능한 방법으로 생산된, 건강하고, 문화적으로 적합한 식량에 대한 우리의 권리를 지키기 위해 학자로서, 농부로서, 오늘도 나의 고뇌는 끝날 줄을 모르고, 그렇게 시골의 밤은 깊어만 간다.

**(주)미실란
이동현 대표**

- 순천대학교 농생물학과 졸업, 서울대학교 대학원 농생물학과 석사
- 큐슈대학교 대학원 생물자원환경과 농학박사
- 일본 큐수대학교 방문연구원 역임
- 순천향대학교 생물자원공학부 겸임교수 역임
- 한국산학협동연구원 이사, 기술보증기금 외부자문위원(농업, 생물소재 신기술 분야) 역임
- 곡성군 지역발전위원, 전남정책위원회 정책위원 역임(농정분야) 역임
- 現 농업회사법인 (주)미실란 대표이사, 농림식품부・지식경제부 평가위원, 전남대학교 식품영영학과 겸임교수
- 제9회전국친환경농산물품평회 은상(가공부문), 전라남도친환경농업대상 최우수상, 자랑스런전남인상, 농촌진흥청 연구공로상, 제13회전국친환경농산물품평회 은상(곡류부문) 수상
- 전라남도지사 표창, 농림부장관표창, 곡성군수표창